MAËLYS

JENNIFER DE ARAUJO
avec Tiphaine Pioger

MAËLYS

Robert Laffont

ISBN 978-2-221-26031-9
Dépôt légal : janvier 2022
Éditions Robert Laffont – 92, avenue de France 75013 Paris

« Pourquoi tout d'un coup c'est devenu si important pour toi de savoir ça ?

— Parce que je veux me souvenir plus tard de ce que tu m'auras dit, là, tout de suite. »

Dialogue extrait du film *Dragons*[1]

1. *Dragons*, film d'animation de Dean DeBlois et Chris Sanders, 2010.

Ce livre est le témoignage forcément empreint de subjectivité d'une mère confrontée à l'indicible : la perte d'un enfant, mais ne saurait être considéré comme un ouvrage visant à décrire le dossier judiciaire dans tous ses aspects.

En l'absence d'une décision définitive sur les faits dont il est accusé, Nordahl Lelandais bénéficie de la présomption d'innocence.

Avant-propos

Si l'écriture n'est pas magique, elle a des pouvoirs. Écrire ne me rendra pas ma fille mais les mots peuvent, au moins, sacraliser son existence.

Ces dernières années, j'ai vécu le tourment, découvert le monde de l'infinie colère ; la tristesse, enfin, m'a écrasée de tout son poids. Le voyage fut long et il n'est pas fini. Il ne le sera jamais complètement. Il n'y avait jusque-là que désespoir et impossibilité de consolation autour de la perte que j'ai subie. Or, je ne peux me résoudre à laisser partir ma fille de cette manière.

Raconter la disparition de Maëlys, c'est raconter qui elle était. Elle était la joie, la douceur, la bienveillance, la résilience. Elle était tout ce dont le monde aurait davantage besoin et tout ce qu'il manque souvent à la société des hommes d'aujourd'hui.

J'écris pour raconter la perte et prolonger la vie. Car Maëlys ne devrait pas cesser d'exister.

I

ATTENDRE

1

Où est Maëlys ?

« Maëlys, dépêche-toi, on est en retard ! » Ma fille retire son pyjama marron et violet, et le laisse tomber sur le carrelage de la salle de bains. Elle saute dans sa petite robe blanche. Maëlys saute tout le temps de toute façon, elle déborde systématiquement d'énergie. S'il n'y a pas d'énergie, c'est qu'elle n'est pas dans la pièce. Elle s'habille en chantant Kendji Girac. C'est son amoureux. Elle n'aime pas les garçons de sa classe. Elle se mariera avec lui ou avec Ronaldo, et personne d'autre. C'est indiscutable. Son choix est fait.

Avant de quitter le Jura pour l'Isère, nous avons toutes les trois rendez-vous chez le coiffeur. Les filles ont chacune une idée très précise de ce qu'elles veulent. Maëlys, huit ans et demi, demande une tresse qui ondule « comme un serpent » et revient ensuite sur l'une de ses épaules. Colleen, douze ans, demande aussi une tresse mais enroulée en chignon. Pour moi, « oh, faites quelque chose de simple », de légères vagues dans mes cheveux longs et lisses, laissés détachés, libres dans mon dos. Ça fait longtemps qu'il n'y a pas eu de mariage dans la famille, alors on veut faire les choses bien !

Nous avons reçu le faire-part au mois d'avril. C'est un moment naturellement heureux et je suis ravie d'y participer. Depuis plusieurs années, je ne vois mes cousins et cousines maternels que pour les enterrements. D'ailleurs, j'avais lancé l'idée d'organiser régulièrement des cousinades aux dernières funérailles. Histoire de changer de cadre. Mais aujourd'hui, c'est mieux encore : un mariage ! L'année prochaine, ce sera le nôtre, avec Joachim. Après plus de vingt ans d'amour et deux enfants, nous sommes déjà largement engagés l'un avec l'autre mais c'est mon idée : j'ai envie de porter le même nom de famille que les trois personnes que j'aime le plus au monde. Fini mon patronyme à rallonge, Cleyet-Marrel. Puis, c'est joli, De Araujo. Le charme portugais. La date n'est pas encore fixée mais nous avons déjà choisi le traiteur, le même que celui qui va nous servir ce soir.

Je jette un coup d'œil à mon compagnon qui se met au volant. J'adore ses yeux noirs aux longs cils, porte d'entrée de cet homme introverti et réservé. Mon premier amour et mon meilleur ami. Il a le teint hâlé naturellement, *made in Porto*, mais comme nous rentrons tout juste de vacances, sa peau est encore plus brune. Installée dans son rehausseur à l'arrière, notre espiègle Maëlys me voit observer son papa.

— Alors Maman, t'es jalouse de notre bronzage ?

Elle éclate de rire tandis que je fais mine d'être vexée par la remarque. La réalité est que notre famille de quatre se sépare bel et bien entre le teint bronzé de Joachim et Maëlys, et la peau laiteuse, tendance cachet d'aspirine, que j'ai transmise à Colleen. Voilà une source infinie de blagues de la part des peaux mates de la maison !

— Allez, nous ne sommes vraiment pas en avance. Il faut partir. J'ai peur qu'on arrive en retard.

À 15 heures, pile-poil, nous sommes à Pont-de-Beauvoisin pour le mariage de mon cousin. La mairie est bondée et moite. La température y dépasse les trente degrés. C'est un après-midi de fin août classique. Même dans sa robe légère et ses nu-pieds, Maëlys a chaud. Elle me tend la petite montre bleue qu'elle vient de retirer de son poignet. « Ça me fait trop transpirer ! »

La cérémonie qui suit nous fait du bien ; moins par la dimension religieuse - nous ne sommes pas de fervents catholiques dans la famille - que par la fraîcheur de l'église. Les filles restent sagement à côté de nous. Maëlys n'est entrée dans un édifice religieux que lors de son baptême quand elle était tout bébé, puis pour l'enterrement de ses grands-parents. N'étant pas du genre à courir partout avec les autres enfants, elle est assise sur le banc auprès de moi, je la vois ouvrir de grands yeux noirs et curieux. Maëlys observe tout et tout le monde. Elle a des yeux tellement expressifs que je peux presque y voir les questions qui se forment dans son esprit. Les invités, leurs tenues, ce qu'a dit le prêtre, *et pourquoi il est habillé différemment ?*

À la fin de la cérémonie, ma fille est comme je l'avais imaginée : circonspecte et dubitative. L'avalanche d'interrogations occupera une bonne partie de nos trois heures de voiture demain. Car si Maëlys n'est pas un moulin à paroles, elle n'hésitera pas à poser des questions tant qu'elle n'aura pas parfaitement compris ce qu'elle a décidé de comprendre.

Tous les invités sortent et retrouvent la chaleur étouffante de l'extérieur. Il faut reprendre la voiture jusqu'à la salle polyvalente. File indienne de véhicules et concert de klaxons. Un mariage tout ce qu'il y a de normal.

Mon cousin et sa désormais femme ont choisi le thème de la nature pour décorer les lieux. Plusieurs bottes de paille donnent un air champêtre au parking ; à l'intérieur, des fleurs ont été déposées sur les tables rondes. La salle des fêtes est partagée en deux espaces : l'un pour les adultes et l'autre pour les enfants qui ont une baby-sitter pour s'occuper d'eux jusqu'à une heure du matin. La nounou organise même des jeux qui leur permettront de gagner des cadeaux.

Dans l'après-midi, Maëlys s'approche de notre table. Aux côtés de Joachim et moi, il y a ma sœur Séverine et plusieurs de nos cousins. Ça débat du bien-fondé d'habiter en Isère alors qu'il y a le Jura à côté ; chez nous, la taquinerie est une histoire de famille. Il fait beau, on est bien. On rit de blagues que l'on a déjà entendues ou faites mille fois. Je suis dans l'insouciance du moment, loin de mon quotidien à l'hôpital. Avec le plus grand soin, Maëlys dépose ses nouvelles billes et une main verte gluante qu'elle vient de gagner à côté de mon assiette. Elle me confie ces choses sans valeur avec toutes les précautions des enfants qui veulent mettre leurs affaires en sécurité – donc auprès de leur maman.

Toute la soirée, elle rejoint régulièrement notre table pour un câlin ou un bisou, pour dire ce qu'elle fait ou ce qu'elle s'apprête à faire, puis repart jouer. Regards complices avec Joachim. L'année scolaire a été tellement compliquée pour elle qu'elle change d'école à la rentrée. Il est bien qu'elle se soit fait des copains aussi vite ce soir. Elle s'amuse, ça se voit.

Nous nous sourions aussi parce que nous avons noté que Maëlys vient nous voir assidûment aujourd'hui. Quoi qu'elle fasse, tout au long de la journée, elle nous avertit du moindre de ses faits et gestes afin que nous ne nous inquiétions pas. L'épisode des vacances a dû faire son effet.

*

— Il va se passer quelque chose.

Joachim avait lancé ça d'un coup, au volant de la petite berline familiale, cigarette électronique à la bouche.

— C'est rassurant ! avais-je plaisanté, légère.

Nous partions quelques jours au Portugal et étions en route pour l'aéroport de Lyon, direction le pays d'origine de la famille de Joachim. Colleen, l'aînée et généralement la plus anxieuse de nous quatre, avait pesté contre les mauvais présages paternels.

C'en était resté là, jusqu'à un jour de début août. Une soirée dansante était organisée dans un parc de Barcelos, au nord du pays. Il faisait bon, l'ambiance se révélait festive. Nous avions décidé d'y rester quelques heures. Le parc, assez grand, disposait de deux bassins principaux : un dans lequel barbotaient une vingtaine de canards et un autre, à l'opposé, auprès duquel étaient installés plusieurs structures gonflables ainsi qu'un circuit de voitures à pédales pour enfants.

— Je vais donner du pain aux canards, avait prévenu Maëlys, exaltée par ce moment de liberté.

Peu de temps après, je la perdis de vue et commençai à m'inquiéter. Les volatiles étaient là mais pas notre fille. Nous étions partis à sa recherche. Au bout de quelques minutes, Colleen était revenue en courant vers nous : tout allait bien, sa sœur était juste sur une voiture à pédales, à l'autre bout du parc, à l'opposé de l'endroit qu'elle avait indiqué.

La scène ne dure que cinq minutes mais Joachim est furieux. Je l'avais rarement vu aussi en colère après l'un de ses enfants. Pas question de reprendre la soirée là où nous l'avons laissée, il insiste pour que nous rentrions.

Une fois dans l'appartement occupé pour les vacances, nous avons une discussion avec Maëlys : elle doit impérativement nous dire où elle va, nous avons été inquiets et maintenant nous sommes très en colère contre elle. Maëlys pleure. Toute penaude, tête baissée, elle explique qu'elle ne l'a pas fait exprès, qu'elle fera plus attention, qu'elle nous préviendra désormais chaque fois qu'elle changera d'endroit, promis.

Ce soir-là, je me suis dit que c'était ça, le « quelque chose » qui devait arriver et qu'avait pressenti Joachim. Devrait-on davantage écouter son instinct ? Je ne crois pas en avoir beaucoup tenu compte à cette époque. Aujourd'hui, forcément, je repense souvent à cette intuition.

*

Après le repas, le DJ lance la musique. Je sors sur le parking avec ma sœur, Séverine, et d'autres membres de la famille pour réviser la chorégraphie préparée en l'honneur des mariés. Il faut encore une petite répétition, certains invités étant loin d'être au point ! Tout le monde s'amuse.

À vrai dire, il s'agit d'un mariage banal – ce qui n'a rien de péjoratif. Des moments attendus succèdent à d'autres moments attendus. C'est ce que je pense en tout cas lorsque la pyramide de choux entre dans la salle. Les lumières qui s'éteignent, les bougies fontaines qui illuminent la pièce, les applaudissements. La joie.

Maëlys passe devant moi. Mon assiette à la main, je l'interpelle :

— Tu veux goûter, mon petit poussin ?

Pas « petit », elle est grande ! Juste « poussin ». Mais oui, elle veut bien goûter. Ma fille s'assied sur mes genoux. Elle prend un minuscule morceau de chou dans sa bouche. Ça ne lui plaît pas du tout ! Elle n'est pas très dessert, comme on dit. Je dépose un bisou sur sa joue et elle repart jouer.

Si seulement on pouvait sentir à l'avance l'importance que prendront certains moments. Cette scène insignifiante, je l'ai rejouée des milliers de fois dans ma tête depuis.

Je lui fais un bisou et elle retourne jouer. Un bisou sur la peau de ma fille, un parmi des milliers depuis sa naissance. Je suis sa mère et Maëlys aime particulièrement les câlins, plus que Colleen par exemple.

Je fais un bisou à ma fille et elle repart jouer. Je la vois encore descendre de mes genoux, s'éloigner de la table en sautillant.

Je fais un bisou à ma fille et elle repart jouer. Nous sommes le 27 août 2017. Il est 2 heures du matin.

C'est la dernière fois que je verrai Maëlys.

*

Guénaëlle est d'un côté de la vitre, Joachim et moi de l'autre, dehors. Elle nous adresse de grands signes et semble parler à toute vitesse, mais nous n'entendons rien de ce qu'elle dit. Ses lèvres bougent avec tellement de persévérance que cela nous fait rire. On dirait un sketch ! Ma nièce finit par pousser la porte de la salle des fêtes pour nous parler directement, ce sera plus simple. La chanson *Sapés comme jamais*, qui fait partie du top 3 de Maëlys, arrive à fond depuis la salle de bal. Le double vitrage est super efficace ici.

— Vous venez danser ? La musique est trop bien !

J'adore ma nièce. Elle déborde de vitalité. Sur ce point, elle ressemble beaucoup à sa cousine, avec treize ans de plus. Difficile de lui résister. Joachim me regarde et hausse les épaules, l'air de dire : *qu'est-ce que tu veux, on ne peut rien lui refuser*. Il prend une dernière bouffée de sa cigarette électronique et me conduit à l'intérieur en me prenant par la hanche.

La musique est chouette. Par réflexe de maman, je cherche mes enfants des yeux. À vrai dire, la soirée est tellement sympathique que je m'étonne de ne pas voir ma petite sur la piste, elle qui nous fait régulièrement ses spectacles de chant et de danse dans le salon. Béa, la femme d'un de mes cousins qui était dehors avec nous pour fumer, balaie également la salle du regard. Elle s'approche et me dit à l'oreille :

— C'est bizarre, Maëlys n'est pas là…

Une absence d'autant plus étrange qu'une minute avant que j'accompagne Joachim sorti fumer, le DJ avait passé *Cotton Eye Joe*, musique de cow-boy qu'elle adore. Rater deux de ses chansons préférées n'est pas trop son style. D'un autre côté, c'est bon signe : Maëlys s'amuse tellement qu'elle n'a pas le temps de danser ! Comme elle sort d'une année difficile pendant laquelle d'autres enfants l'ont sérieusement embêtée, il est bien qu'elle profite de cette soirée. En tout cas, c'est ce que j'essaye de me dire, moi Jennifer, l'éternelle optimiste, moi Jennifer qui crois à la bonté de tous. Moi Jennifer, dans mon monde de bisounours.

J'en parle quand même à ma sœur et à Guénaëlle qui se sont mises à danser. Pas très inquiètes, elles répondent que, tout de même, ça ne coûte rien de questionner les invités. À notre demande, le DJ lance un appel au micro. Si quelqu'un aperçoit Maëlys, qu'il le signale, ses parents la cherchent, merci.

Une appréhension me gagne. Mon objectif, retrouver ma fille. Plus rien d'autre ne compte.

C'est comme si mon champ de vision se rétrécissait pour se concentrer sur cet unique but. Je ne panique pas ; je suis méthodique. Est-elle dans la chambre froide ? Non. La salle où dorment les petits ? Bien sûr que non, Maëlys ne serait jamais allée se coucher sans nous avertir. Je fouille tout, même les poubelles sur le parking. Rien de mon côté.

Joachim, lui, vérifie l'internat du lycée – des chambres ont été louées pour loger certains invités. Séverine et Guénaëlle cherchent aussi Maëlys. Les autres dansent toujours : normal, nous sommes dans un mariage familial, aucune raison de s'inquiéter.

Il n'y a aucune raison de s'inquiéter… jusqu'à ce que nous ayons cherché partout. Maëlys n'est nulle part. Le DJ saisit son micro et fait une nouvelle annonce. Cette fois-ci, la musique s'arrête. Elle ne reprendra pas. L'atmosphère change. L'insouciance et la légèreté disparaissent. Les corps qui étaient détendus se redressent. Tous se mettent en quête de notre fille, dehors et dedans, dans le silence et la gêne.

Une pensée me vient soudain : mes parents et ma tante sont partis en voiture voici une demi-heure, Maëlys doit être avec eux ! C'est même évident : elle était fatiguée et a dû rentrer avec Mamie Nanou et Papi Michel. Une hypothèse idiote car jamais elle ne serait partie sans me le dire, mais je continue à chercher une cause logique à l'absence. Quand votre enfant disparaît, vous développez des trésors de raisonnement pour comprendre pourquoi elle n'est pas là, avec vous.

— On lui a proposé de rentrer, mais elle voulait continuer à faire la fête. Alors on est repartis tous les trois. Pourquoi ? Elle n'est pas avec vous ?

Ma dernière option s'évanouit. Je me laisse tomber sur une chaise.

Le plus âgé de mes cousins, un pompier, s'approche doucement.

— Jennifer, il faut appeler les gendarmes.

Il est 4 heures du matin.

*

Au milieu de la nuit, me voici au centre de la salle polyvalente, où j'attends jusqu'à 9 heures, hébétée. Comment expliquer ce que l'on ressent ? Le monde s'ouvre sous vos pieds bien sûr, votre enfant a disparu. Mais ce n'est pas seulement cela. Votre cerveau se bloque. Vous entrez dans un univers de solitude, un espace intérieur vide et froid, où l'angoisse cohabite avec vous et où personne ne peut pénétrer. Pas même celui qui partage votre vie et, assurément, votre peur.

Assise sur ma chaise, le regard dans le vide, je suis sidérée. Je ne regarde ni Joachim, ni cette peau toujours bronzée que j'adore. Il est tout près de moi, mais je ne plonge pas mon regard dans les grands yeux bruns qu'il a transmis à Colleen.

Je ne cherche du réconfort nulle part. Ne me repose sur personne. Maëlys n'est plus là, il n'y a rien d'autre à chercher, personne à consoler.

Aveuglée par l'angoisse, je ne vois pas non plus les cinq ou six gendarmes qui cherchent la petite, puis les renforts qui arrivent ; je n'entends ni les chiens qui reniflent son doudou – un tout petit husky en peluche – pour retrouver sa trace, ni les deux hélicoptères qui tournent au-dessus de nos têtes.

Cette nuit-là, quand les gendarmes sont apparus, ils ont eu le réflexe de prendre toutes les clés des véhicules des invités. Toutes les voitures sont fouillées, une à une. Même la nôtre.

Des recherches pendant lesquelles je reste prostrée, livide, à ma place.

Aujourd'hui, je repense aux moyens mis en œuvre et à la vitesse à laquelle filait le temps. Comment, avec autant de personnes déployées, ne pouvait-on pas la retrouver ? Maëlys demeurait introuvable et le monde qui continuait à s'agiter vainement autour de moi m'anéantissait encore davantage.

Je ne sentais rien d'autre qu'un processus de dévastation en cours. Ce n'en était que le début. Il allait s'éterniser des mois.

2

L'instinct

Maëlys colle son visage contre la paroi en verre de la douche. Avec son nez tout écrasé, elle ressemble à un petit cochon. Ma fille penche un peu la tête en arrière pour accentuer l'effet, ses longs cheveux bruns ondulent dans son dos. Elle ouvre la bouche pour mettre en avant ses canines et, reine des grimaces, descend lentement appuyée sur le verre, pendant que sa sœur éclate de rire au fond de la salle de bains. Je filme. On m'entend rigoler hors champ.

Sur une chaise de la mairie, je fais défiler les photos et les vidéos, tout ce que mon téléphone peut me donner de ma fille disparue. Il est 9 heures du matin. La journée démarre. Je n'ai évidemment pas dormi. Les gendarmes vont auditionner les invités du mariage un par un, dans une salle que le maire a prêtée. Cent vingt personnes, c'est trop pour les locaux exigus de la gendarmerie de Pont-de-Beauvoisin.

Nous sommes installés dans le petit jardin attenant. Avant de partir, un pompier m'a tendu une couverture de survie et conseillé de dormir un peu. Comme si c'était possible. Je passe ma journée à pleurer en silence. Je regarde les photos prises la veille, comme si elles contenaient un secret, ou pouvaient me fournir un indice.

En fin d'après-midi, je lève le nez de mon téléphone. *Tiens, il y a l'autre avec ses chiens...*, me dis-je intérieurement. Un jeune homme, la trentaine passée, assez grand, de corpulence moyenne, avec une barbe de trois jours. Je me souviens l'avoir trouvé très banal, le genre de personne tellement insignifiante qu'on la côtoie sans se poser de questions.

Il arrive d'un pas vif sur le parvis, monte les quelques marches qui mènent à l'intérieur de l'édifice. Je le regarde passer. Il faisait partie du mariage. Comme tous les autres il est interrogé. Logique imparable. Information insignifiante. À son image.

*

Quand on garde le silence plusieurs heures durant, qu'on ne partage plus rien avec l'extérieur, les pensées gagnent en acuité. Une sorte d'arbre intérieur grandit à mesure que l'on se renferme et se tait ; notre attention se porte exclusivement sur les trésors que l'on ignorait jusque-là posséder.

Dans mon jardin intérieur, une scène tourne en boucle.

— Maman, je peux aller voir les chiens de mon copain ?

Les chiens ? Quels chiens ? Et puis qui est-ce, ce copain ? Qui se rend à un mariage avec ses animaux ? Ah, Maëlys et son amour des chiens ! Les nôtres sont restés à la pension qui s'en occupe habituellement quand on part en week-end.

— Maëlys, tu le sais, tu n'as pas le droit d'aller voir les chiens d'un inconnu. On ne les connaît pas, ils peuvent être dangereux.

— Mais non Maman, les photos de ses chiens, sur son téléphone ! Je peux y aller, t'es d'accord ?

— OK mon poussin, je t'accompagne.

Je m'approche du « copain » en question.

L'homme qui tend son téléphone vers ma fille est sans conteste le plus mal habillé de tous (peut-être même de l'histoire des mariages). Il porte un tee-shirt bleu et un pantacourt blanc. Sa tenue donne l'impression qu'il s'est retrouvé là tout à fait par hasard, genre *j'ai vu de la lumière*. Sauf qu'il est à la table des mariés, parmi les plus proches de mon cousin et de sa femme. Cette tenue approximative ne semble pas lui enlever sa confiance en lui. Moi, je trouve plutôt qu'il se la raconte, comme on dit.

Sur les photos qu'il fait défiler, deux malinois. Il tourne son portable vers mon enfant, puis vers moi, malgré un total désintérêt que je ne cherche pas à cacher. Je n'aime pas cette race de chiens.

— Et toi, tu as des chiens ? demande-t-il à ma fille.

Consciencieusement, Maëlys énumère chaque race et chaque nom de nos berger australien, colley et chien-loup, comme elle dit – un blue bay shepherd. La discussion dure deux, trois minutes maximum. Lui assis à la table d'honneur, elle, debout, à sa hauteur. Moi, je suis derrière ma fille, les mains sur ses épaules, restée debout. Sans la moindre intention de passer ma soirée avec ce type.

Vous pensez être capable de sentir le danger qui pourrait émaner d'une personne ? Croyez-moi, lui était anodin, sans intérêt. Circulez, il n'y a rien à voir.

Il n'y avait rien à voir… mais j'ai quand même accompagné ma fille. J'aurais pu me contenter de la suivre des yeux, de les observer depuis ma place. Non, je suis venue avec elle. À quelques centimètres, j'ai examiné cet homme, noté les détails de son visage et de ses cheveux sombres, les vêtements qu'il portait. J'ai retenu chacun des mots qu'ils échangeaient.

Mon cerveau a enregistré cette scène et, ce dimanche après-midi, se repasse les images, encore et encore, pendant que cet inconnu se voit interrogé par les gendarmes. Je ne sais pourquoi mais la conversation entre Maëlys et le tee-shirt bleu ne me sort pas de la tête. Sitôt visionné, le film se rembobine et revient hanter ma mémoire, continuellement.

À l'extérieur, je pleure toute la journée. À l'intérieur, je raisonne en silence.

*

Lundi matin. Ma fille a disparu depuis trente-six heures. Il n'y a aucun indice, zéro piste, ni responsable. Pas de Maëlys. Les gendarmes nous ont demandé de rester disponibles. Pour autant, ils ne disent rien ou pas grand-chose. Nous sommes les parents et, à ce stade de l'enquête, encore des suspects.

J'ai le visage défait, les yeux cernés par le manque de sommeil. Première nuit sans elle. Je n'ai pas brossé mes cheveux longs que je sens lourds sur mon crâne et mes épaules. La voix claire et enjouée de Maëlys me manque. Dans la maison de mes parents, la joie tourbillonnante des familles auxquelles rien n'arrive jamais s'est tue. Assise à la table de la salle à manger, je fixe ma tasse de café. La vie en suspens.

Soudain, je lève la tête :

— Séverine, tu te souviens du tee-shirt bleu, avec les chiens ? Il a parlé avec Maëlys.

Ma sœur n'a pas vu sa nièce avec lui pendant la soirée, mais elle se souvient des propos que nous avons échangés, le tee-shirt bleu et moi, quand nous cherchions la petite.

Pour la première fois depuis le mariage, je raconte les trois minutes auxquelles j'ai assisté entre lui et ma fille, scène qui depuis tourne dans ma tête. Je la raconte en détail, je rapporte la conversation qui a eu lieu mais il est évident, maintenant, que personne d'autre ne l'a entendue.

Ce matin, alors que débute probablement la plus sérieuse des discussions que j'aurais avec ma sœur, les hommes sont absents. Joachim et mon père sont partis chez nous, dans le Jura, tenter de prolonger la garde des chiens en attendant notre retour. Mon neveu Jordan, dix-neuf ans, est sûrement chez lui, la maison de ma sœur se trouve à six cents mètres.

Toujours est-il que chez mes parents – à quelques kilomètres de la salle polyvalente, point de départ de l'enfer – il ne reste plus que ma mère qui fait des allers-retours de la cuisine au salon pour nous apporter du café, ma sœur assise auprès de moi, ma nièce Guénaëlle et ma silencieuse Colleen. Toutes sont là, à nous entourer, moi, mon chagrin et mon intuition.

— Quand je cherchais Maëlys, je le cherchais en même temps.

— Oui je me souviens, dit Séverine. Tu criais : «Il est où, l'autre, avec ses chiens?» Tu as même demandé à Eddy s'il ne l'avait pas vu.

Je me rappelle. Mon cousin s'était retourné vers la porte de la salle des fêtes et le tee-shirt bleu était apparu, comme dans un film. Il revenait du parking. Je n'avais pas repensé à cet instant, la seule interaction que j'ai eue seule avec lui.

— Tu n'as pas vu Maëlys ? je lui avais demandé, fermement.

— Non, je l'ai pas vue.

Ce « non, je l'ai pas vue » prononcé d'un air supérieur, blasé, un peu comme un grand frère qui répondrait, exaspéré, à sa cadette en quête de sa poupée Barbie ; ce « non » pour bien signifier que la question, ridicule en soi, n'a aucun intérêt à ses yeux et qu'il a mieux à faire.

Maintenant qu'elle y repense, ma sœur trouve ce comportement bizarre. Cette nuit-là, tout le monde a cherché Maëlys, or lui, paraissait détaché. Qu'avait-il de mieux à faire que nous aider ? Et puis il lui avait parlé, à ma fille, il lui avait montré des photos de ses chiens, ce n'était donc pas comme si elle était une inconnue.

— Quand tu lui adresses la parole, il revient du parking, non ? demande Séverine. Il était dehors tout le temps où tu le cherchais ?

— Je ne l'ai pas vu durant les recherches jusqu'à cet instant-là. Après, même si je le cherchais aussi, j'étais focus sur Maëlys.

Moi, d'habitude enjouée et légère, de ceux qui veulent arrondir les angles, que tout le monde passe un bon moment, j'adopte un ton que je ne me connais pas. Soupçonneux, concentré, grave.

Si la situation n'était pas si dramatique, ce changement de comportement en serait presque comique.

— Mais attends, c'est pas le mec qui se faisait appeler « tonton » ?

Depuis tout à l'heure, Guénaëlle nous écoute. Ma nièce adore Maëlys et Colleen. Jeune femme de vingt-deux ans, très énergique, perspicace, déjà pleinement impliquée dans le monde des adultes, elle était venue au mariage en compagnie de son copain Anthony. Avec ses cheveux au carré, elle ressemble déjà presque à une dame - si ce n'est ses ongles flashy, chaque mois d'une couleur différente, toujours impeccablement faits. Manifestement, elle n'a aucune intention de rester loin de l'enquête familiale improvisée, aussi s'assied-elle à la table, face à moi.

— Pendant le mariage, Anthony vient me raconter qu'un gars se fait appeler « tonton ». Il me dit : « Je connais les gens de ta famille pourtant, mais celui-là, non. »

— Il a entendu qui l'appeler ainsi ?

— Maëlys ! Il a entendu Maëlys l'appeler « tonton » ! insiste ma nièce.

Ma fille n'aurait jamais nommé spontanément le tee-shirt bleu ainsi, ne le connaissant pas. Il avait dû lui embrouiller l'esprit.

À la table de la salle à manger, la discussion se poursuit. Chacune dépose ses souvenirs. On les mélange, on les observe, on les décortique.

Chaque point de vue est différent. Chacune a entendu quelque chose de plus. J'ai l'impression qu'ensemble on avance. Je me sens un peu utile. Ça me fait du bien.

— Je pense à quelque chose.

Nous nous tournons vers Séverine.

— C'est peut-être rien… Il y a ce copain d'Eddy, je ne sais plus comment il s'appelle, qui a vu le tee-shirt bleu à la station-service du Leclerc dimanche soir en train de nettoyer sa voiture. Apparemment, il est resté très longtemps. Il l'a astiquée, son Audi.

Ma sœur ajoute qu'un autre de nos cousins l'a appelée hier, ayant remarqué qu'un des invités du mariage avait quitté les lieux avant l'arrivée des gendarmes, donc que sa voiture n'avait pas été fouillée. Il avait trouvé ça bizarre, il voulait nous le dire.

Les indices paraissent minuscules, mais, mis bout à bout, nous dessinent un suspect. Et s'il émerge un suspect, surgit une piste. S'il se dessine une piste, il y a une petite fille, *ma* fille, tapie dans un coin du département qu'il nous reste à trouver.

L'espoir pointe le bout de son nez.

*

— Eddy, comment il s'appelle, le tee-shirt bleu ? demandé-je.

— Qui ça ?

— Tu sais, au mariage, il se trouvait à côté de toi, à la table d'honneur. Tu sais ? Il avait un tee-shirt bleu et un pantacourt blanc. Il a montré des photos de ses chiens à Maëlys. Comment il s'appelle ?

— Ah lui ! C'est Nordahl. Nordahl Lelandais.

3

L'autre vie

Dans les premiers jours de cette vie, je m'accroche de toutes mes forces à celle d'avant. Ce lundi matin, je ne peux considérer cette vie comme ma vie, ou même juste comme *la* vie. Une sorte de mécanisme de protection se met en place chez les humains quand un malheur survient. On freine des quatre fers, on tente d'imposer une pause à l'existence, le temps que tout revienne à la normale. Mais ce n'est pas ainsi que ça fonctionne et la vie, aussi douloureuse soit-elle, est toujours de retour. Même si vous arrêtez de bouger, elle continue – et c'est terrible.

Dans l'autre espace-temps qui s'installe, de nouvelles personnes entrent en scène. Le commandant de gendarmerie qui mène l'enquête, que l'on ne connaissait pas il y a cinq heures, devient la personne dont on attend les appels avec la plus grande impatience. Il faut, dit-il, prendre un avocat. Vous n'aviez jamais imaginé entendre un jour ces mots. Vous n'aviez jamais imaginé avancer ce genre de frais considérables. Vous n'aviez tout simplement jamais imaginé avoir besoin d'être défendue.

Alors, quelques heures après la disparition de ma fille, un homme grand, très mince, le cheveu châtain, le costume sombre, fait irruption chez mes parents. Il a été conseillé par une amie, maire d'une petite commune près de La Tour-du-Pin (où vivaient et sont désormais enterrés les parents de Joachim). Il y avait eu des affaires, elle avait eu besoin d'un avocat. Celui-ci était très bien.

Maître Fabien Rajon s'assied à la table de la salle à manger, accepte un café. Il paraît sur la réserve. Il pose beaucoup de questions sur la soirée du mariage, veut être certain de bien comprendre l'affaire avant de décider s'il prend le dossier. Il est peut-être un peu méfiant mais il a l'air gentil. Il m'inspire quelque chose de bon.

Dans l'existence qui se crée en parallèle, vous n'avez plus votre fille près de vous, mais des photos d'elle passent en boucle à la télévision. C'est ça aussi qui donne envie de se mettre en pause, car on ne peut croire à ce qui arrive. Les événements se déroulent devant vos yeux mais paraissent dépourvus de la moindre réalité. *Je vais me réveiller*, pense-t-on. Or, personne ne vous réveille. Ce que vous appelleriez un cauchemar est maintenant le quotidien. Il faut faire avec.

En quittant la mairie dimanche soir au volant de notre voiture, Joachim a lancé :

— Eh bien voilà… Je n'ai plus qu'à me jeter contre un arbre !

Son visage était défait par la rage. Il avait le teint sombre et l'air malade de colère. Moi, je n'étais bonne qu'à pleurer. En réaction, Colleen a regardé son père dans le rétroviseur. Ses yeux pleins de détresse parlaient pour elle. *Ne dis pas ça, Papa, moi aussi je suis triste, mais je suis là et j'ai besoin de vous.*

Dans les montagnes de l'Isère, des inconnus marchent. Des dizaines d'habitants sillonnent les routes, les chemins, les bois. Des hommes et des femmes qui portent des chaussures de randonnée et des sacs à dos. De loin, on distingue au fond de la vallée les couleurs flashy de leurs blousons. Certains tendent un prospectus aux conducteurs qui daignent arrêter leur voiture : « Avez-vous vu cette enfant ? » D'autres marchent, chaque samedi et chaque dimanche, dans les forêts escarpées qui entourent Pont-de-Beauvoisin.

Je ne les connais pas. Ils ne connaissent pas ma famille. Pourtant, ils cherchent ma fille. Un collectif Maëlys a même été créé. Je bénis ces personnes qui ont trouvé la force de mener de telles recherches. Je n'en avais pas l'énergie. Quand je m'imaginais chercher ma fille, je me voyais la trouver au fond d'une forêt. J'envisageais le pire : si je la retrouvais morte, comment aurais-je réagi ?

Joachim pensait la même chose. J'avais cherché qui pouvait être le coupable – j'avais peut-être même permis de lancer l'enquête dans la bonne direction, mais je ne me sentais pas du tout le courage de me transformer en enquêteur de terrain. Tant que je ne voyais pas ma petite morte, elle demeurait en vie et je voulais m'éloigner le plus possible de l'image macabre qui me hantait malgré moi.

*

Le mardi matin, mon amie Carole frappe à la porte de mes parents. En vacances en Espagne avec son mari, Yannick, le parrain de Maëlys, et leurs deux enfants, ils ont appris sa disparition, et sont rentrés aussitôt. Le temps de déposer Thalia et Enzo chez leurs grands-parents, ils arrivaient chez mes parents. Pour me voir. Nous voir. Pour *être là*.

Je ne peux qu'imaginer combien le rôle d'ami est difficile en de telles circonstances. Quel est le bon moment pour être présent ? Comment être là sans sembler trop encombrant ? Comment s'intéresser, poser des questions sans donner l'impression de devenir indiscret ou inquisiteur, sans sombrer dans le jugement ou la curiosité morbide ?

Je cite ici Carole, parce que sa présence m'a été réellement réconfortante. J'ai pleuré dans ses bras, ce jour-là, j'ai déposé ma tristesse auprès de quelqu'un qui s'était rendu disponible pour la recevoir.

Bien sûr, je pouvais parler avec Joachim puisque nous partagions les mêmes craintes. Nous aurions pu dire, l'un à l'autre, notre colère ou notre inquiétude. Mais ma douleur n'allait-elle pas aggraver la sienne ? Parfois, il est bon de simplement confier ses émotions à quelqu'un de moins impliqué.

Après ce doux moment d'amitié, les visiteurs se firent plus nombreux. À tel point que j'eus parfois l'impression d'être devenue une attraction. Les amis proches font du bien, mais après il y a la famille éloignée, les amis des parents, les amis des amis. Avec des attitudes classables en deux catégories. Tout d'abord, la pitié. Exprimée par des gens qui ne savent que dire et qui l'avouent : « On ne sait pas quoi dire dans ces moments-là. » Ils ignorent quelle est leur place, tout simplement parce qu'ils ne sont pas à la leur auprès de nous. D'une certaine façon, j'ai l'impression qu'ils sont venus là pour eux-mêmes, parce que côtoyer un tel drame, a fortiori de dimension nationale, qui occupe toutes les télévisions françaises, les fait un peu exister.

Ensuite, il y a les enquêteurs du dimanche. Ils arrivent, s'assoient dans le canapé et, en remuant le café qu'ils viennent de sucrer, posent des questions sur la soirée du mariage, le comportement des invités et font part de leurs hypothèses.

Ils vous écoutent les sourcils froncés, le front plissé, avec toute la concentration de ceux qui s'apprêtent, à coup sûr, à résoudre des mystères, se sentent serviables et utiles.

Si bien qu'avec Joachim, nous partions parfois nous isoler à l'étage, dans notre chambre, pour échapper à la pesanteur de ces figurants encombrants.

Vous ne voulez voir personne. Vous voulez retrouver votre fille et rentrer chez vous. Vous voulez que ça s'arrête.

4

Qui ?

Les indices désignent clairement ce tee-shirt bleu dont je connais désormais le nom. Pour moi, la suspicion venant, ce nouveau personnage devient le pire de l'autre vie, la parallèle en train de se dérouler malgré moi, sans ma fille, monde extérieur qui avance sans elle. Voilà pourquoi je n'arrive pas à le nommer. Pour moi, il est l'« Autre ». Un prénom (ou plus encore un patronyme complet) lui accorderait, à mon sens, trop d'importance.

J'appelle le lieutenant sitôt cette discussion entre femmes terminée :

— Allô ? Bonjour, c'est Jennifer Cleyet-Marrel, la maman de Maëlys. Avec ma sœur, on a pensé à quelque chose… enfin, à quelqu'un. Il est possible que ce soit sans importance… mais sait-on jamais, peut-être que ça vous aidera. On arrive.

Séverine prend sa voiture, je monte à côté d'elle et nous partons vers la gendarmerie des Abrets.

Le bureau de l'enquêteur est petit, et modestement meublé : une table de travail, deux chaises, un ordinateur. Nous nous installons.

Le lieutenant s'assied en face de nous, les doigts sur le clavier. C'est un homme jeune, grand et mince, d'allure sportive. Il semble très investi dans son métier. Lorsqu'il pose ses yeux marron sur nous et penche légèrement la tête en avant, je comprends qu'il est prêt à nous écouter. Je dirais même à nous aider.

Séverine et moi rapportons à deux voix notre discussion du matin. Nous redisons tout : l'homme mal habillé qui a parlé avec Maëlys, elle qui l'appelle « mon copain », lui qui lui demande de l'appeler « tonton », l'ami du marié qui l'a vu nettoyer sa voiture chez Leclerc, le cousin qui l'a vu partir avant l'arrivée des gendarmes.

Le lieutenant note tout et prend très au sérieux notre témoignage. Cela nous donne confiance. La déposition terminée, il nous assure qu'il va envoyer une équipe à Domessin, chez les parents du tee-shirt bleu, puisque c'est là-bas qu'il vit. J'ai hâte que les agents s'y rendent. Depuis tout ce temps, notre fille est peut-être dans cette maison.

Nous quittons les locaux de la gendarmerie. J'ignore alors à quel point notre visite sera précieuse pour les enquêteurs. Mais, à vrai dire, je m'en fiche. Avoir identifié le bon suspect ne sert à rien si je ne retrouve pas Maëlys, mon idée fixe. Nous sommes lundi après-midi et, depuis trente-six heures sans elle.

*

Ensuite ? Silence radio. Le gendarme ne nous appelle pas et j'ignore ce qu'il se passe pour celui que j'ai signalé comme suspect, l'« Autre ». Personne ne me dit quoi que ce soit. J'ai raconté ce que je savais, donné les éléments dont ma mémoire disposait, fourni les pistes que mon instinct dictait. Maintenant, ma place est celle de la mère qui patiente sagement, à quelques kilomètres à peine des enquêteurs. Un rôle difficile, douloureux, car passif. J'aimerais pouvoir agir mais il n'y a rien à faire.

Alors, j'attends. Anxieuse, obnubilée, en détresse, à l'affût du moindre élément. Je dévore la presse en espérant apprendre quelque chose. Une lecture très pénible. Car nous, parents de Maëlys, qui habitons à deux pas de la salle des fêtes où elle a disparu, logiquement les plus impliqués, nous y découvrons des détails capitaux avant d'en avoir été avertis. Je trouve cela totalement injuste. Moi, la mère de Maëlys, je me vois mise au courant comme n'importe quel Français disposant d'un écran et d'un décodeur TNT. C'est injuste, mais aussi vulgaire, révoltant, même. Mais, comme d'habitude, je ravale mon aigreur, garde ma colère pour moi. Depuis toute petite, je suis ainsi, secrète et réservée.

C'est l'information de cette mi-journée. Un homme a été placé en garde à vue ce matin après la disparition dimanche dernier de la petite Maëlys lors d'un mariage en Isère... Le suspect est âgé de trente-quatre ans. À l'origine, il ne figurait pas sur la liste des convives mais il avait été invité à la dernière minute par le marié. On va tout de suite retrouver notre reporter devant la gendarmerie de La Tour-du-Pin.

Jeudi. En allumant la télévision, j'apprends que l'homme que j'ai désigné à l'enquêteur en début de semaine vient d'être interpellé et placé en garde à vue. Face au choc de la nouvelle, je suis loin d'être énervée par les fuites dans les médias (cela viendra plus tard) et par l'impression d'être la cinquième roue du carrosse. À cet instant précis, je suis seulement rongée par l'inquiétude.

C'est lui. Mon pressentiment est trop fort. J'en suis persuadée : cet inconnu est responsable de la disparition de ma fille. J'ai besoin de m'en convaincre. Les éléments qui s'imbriquent, son audition, sont les seules avancées qui vont nous aider à retrouver notre fille. Mais s'il est privé de liberté pendant les vingt-quatre ou quarante-huit heures de sa garde à vue, comment nourrira-t-il mon bébé ? J'imagine Maëlys dans une maison ou pire, dans une cave humide, enfermée, seule, terrifiée. Mille hypothèses s'échafaudent en moi dont celle-ci, terrible : et si, en cherchant le coupable, nous étions en train de condamner ma petite à mourir de faim et de soif ? Pendant un jour et demi, cette angoisse ne me quitte pas.

Mais il est rapidement remis en liberté. Dès le vendredi soir, il se retrouve dehors ainsi que l'autre gardé à vue, un de ses amis. Les gendarmes considèrent qu'ils n'ont pas grand-chose contre lui : ni preuves concrètes ni aveux. De fait, pour chaque question, il a une bonne excuse. Pourquoi a-t-il nettoyé sa voiture avec autant de précaution? Parce qu'il voulait la vendre, bien sûr. Bien sûr…

Mon état d'esprit lors de cette première semaine d'absence est difficile à décrire. Je dirais que c'est comme être pris dans une vague énorme qui vous fait tourbillonner, rouler, vous fracasse sous l'écume et l'eau, sans vous tuer, mais en vous assommant, en vous broyant. Vous faites le mort, cessez de respirer. Comme s'il fallait retenir son souffle le plus longtemps possible en un mécanisme de survie : pour conserver des forces en vue d'après. Intuition ou hasard? Bien m'en a pris, car le combat s'annonce long.

*

Quelques jours plus tard, toujours chez mes parents, je traîne sur le canapé comme une adolescente. La télévision marche en permanence, sans personne pour s'y intéresser. Je regarde les photos de ma fille sur mon smartphone. Comme d'habitude, repassent les souvenirs.

Soudain, j'entends la voix de cet homme. Difficile de décrire une voix. Pourtant, cet instrument est révélateur de beaucoup de choses. La sienne me semble plate et sans saveur. Monocorde. Elle est sans émotion et révèle une parfaite maîtrise de soi. À mes oreilles, tout y a l'air faux.

De fait, les journalistes s'avèrent efficaces pour obtenir des infos. L'une des reporters de l'émission *Sept à huit* sur TF1 a en effet réussi à joindre le suspect par téléphone. Qui lui parle. C'est lui que j'entends :

C'est très traumatisant comme expérience, dit-il. *Qu'il y ait des accusations, des choses comme ça… C'est horrible. Je connais les mariés, bien sûr, ce sont des amis. C'est d'autant plus désagréable, tout ça.*

La reporter lui demande des explications sur les griffures constatées par les gendarmes sur ses bras.

Ça, c'est les choses courantes de la vie. On fait un bout de jardin et parfois on se prend une petite branche dans les pieds. Les enquêteurs ont bien compris et ont bien vu ces choses-là.

Des éraflures de jardinage ? Il se fout de nous ?

Je suis en train de penser à ces griffures et à ce qu'elles ont de significatif pour moi quand mon téléphone sonne. C'est l'enquêteur.

— Allô, madame Cleyet-Marrel ?

— Oui. Je vous écoute, lieutenant.

— Nous avons retrouvé un fragment d'ADN sur le tableau de bord de l'Audi, sur le bouton des phares, précisément. Il appartient à Maëlys.

— …

— Ça signifie que votre fille est montée dans le véhicule du suspect.

Maëlys est montée dans la voiture de cet inconnu. Je me répète l'annonce, plusieurs fois, pour enregistrer, digérer l'information. En une seconde, je redeviens la maman qui enquête, plus perspicace que n'importe quel gendarme tant elle connaît la victime mieux qu'elle ne se connaît elle-même. Cette mère qui sait ce qu'aurait fait sa petite et ce qu'elle n'aurait jamais osé faire. J'envisage toutes les hypothèses possibles, et dès le départ, j'écarte celle de Maëlys montant volontairement dans le véhicule.

*

Je devais avoir dix ou onze ans. Plutôt onze, parce que je rentrais du collège. Je n'habitais pas loin, un kilomètre seulement à parcourir le matin, un autre pour rentrer le soir. Un kilomètre de rien du tout.

Prudente, je marchais rapidement sur le trottoir. La nuit n'était pas tombée, il faisait encore clair. Je me trouvais à mi-chemin, quand une voiture blanche s'arrête à mon niveau. La vitre s'ouvre. Sourire du conducteur.

— Hé, salut, je te ramène chez toi ?

L'homme est plutôt jeune, je dirais vingt-cinq, trente ans maximum - ce qui est vieux par rapport à moi. Pas très à l'aise - j'étais une enfant timide puis une adolescente peureuse, traits de caractère qui ne m'ont pas quittée à l'âge adulte, d'ailleurs –, je secoue la tête sans regarder l'homme brun qui me fixe depuis l'habitacle. Et je continue à marcher, l'air de dire : *je ne suis pas intéressée.* J'écris « l'air de dire » parce qu'à onze ans (et parfois même après), quand on est une fille, on n'ose pas toujours exprimer clairement ce que l'on veut et ne veut pas. Le jeune inconnu qui feint la sympathie, instinctivement m'inquiète. J'ai peur de dire quelque chose qui provoque sa colère. Je veux seulement qu'il me laisse tranquille.

— Allez, monte, je connais ta sœur ! Je sais qu'elle s'appelle Séverine. Viens, je te ramène à la maison.

L'argument me fait hésiter une seconde. Non parce que j'ai envie d'être raccompagnée, mais parce que certains hommes ont la capacité de vous imposer leur volonté. Il est là, insiste et pour échapper à l'attention qu'il me porte, je serais presque prête à obtempérer.

Maëlys, les yeux encore pleins de larmes de s'être fait réprimander par son père, prend l'histoire que je lui raconte au sérieux. Je suis accroupie tout près d'elle, mes mains posées avec tendresse sur ses épaules, position typique de l'adulte qui explique quelque chose de très important à un jeune enfant.

— Il faut faire attention, Maëlys. Il faut toujours nous dire où tu vas et ne jamais partir avec des gens que tu ne connais pas. Même ceux qui disent qu'ils connaissent Maman, tu ne vas jamais avec eux. On ne sait pas ce qu'il peut se passer…

Quand elles se font gronder, nos filles ont la fâcheuse habitude de quitter la pièce, le regard dur, sans prononcer un mot, pour afficher clairement leur hostilité à nos remontrances. Mais ce jour-là, en vacances au Portugal, après l'épisode du bassin aux canards et des voitures à pédales, Maëlys n'adopte pas cette attitude pourtant classique chez elle. Colleen, qui a le même caractère peureux que moi, écoute elle aussi attentivement.

— Si jamais quelqu'un s'en prend à toi, tu griffes, Maëlyl. Tu griffes de toutes tes forces.

Je vois dans les yeux de la cadette qu'elle comprend ce que je viens d'expliquer. Les parents se souviennent toujours des discussions fondatrices où ils révèlent à leurs enfants que le mal les entoure. Un mal dont ils doivent sans cesse se méfier.

Moi-même, j'ai toujours eu peur de rentrer du collège à pied. Je n'ai jamais aimé être seule. Je redoutais d'être kidnappée. Une angoisse de l'enlèvement que j'ai transmise à Colleen, mon aînée ressentant la menace venue des autres. Maëlys, elle, a toujours vécu comme si rien de tout ça n'existait. Elle savait qu'on pouvait lui faire du mal psychologiquement, mais n'imaginait pas qu'on puisse la mettre réellement en danger. Jusqu'à notre conversation, moins d'un mois avant sa disparition.

C'est pourquoi, avant même d'avoir raccroché avec l'enquêteur, je suis convaincue que ma fille n'est jamais montée dans cette voiture de son plein gré. Parce que dans son regard, ce jour de dispute, ce moment qui fait date dans l'histoire d'une enfant, elle a entendu ma mésaventure, perçu ma peur, l'a intériorisée. J'en suis certaine.

*

La trace ADN appartenant à Maëlys et retrouvée dans l'Audi permet aux gendarmes de remettre l'homme quelques heures en garde à vue. Pour expliquer la présence de ce fragment génétique, plus tard il déclarera que ma fille était venue dans sa voiture, accompagnée d'un garçon blond, afin de voir ses chiens – qui n'étaient finalement pas dans le véhicule. Un mystérieux petit blond qui n'a jamais été identifié, aucun des enfants présents à la fête ne correspondant à sa description.

Dans la foulée de sa seconde garde à vue, l'« Autre » est mis en examen pour enlèvement et séquestration d'enfant.

Nous sommes le dimanche 3 septembre 2017. Cela fait une semaine que je n'ai plus vu Maëlys.

5

Combattante

Mon cœur bat à deux cents à l'heure.

Jusqu'à présent, j'étais timide, discrète, j'arrondissais les angles dès que je le pouvais. Tout sauf la femme déterminée et volontaire qui irait devant un parterre de caméras crier haut et fort son droit d'obtenir des réponses.

Pourtant, c'est bien ma silhouette qui marche et passe devant les journalistes et les photographes et s'installe au centre d'une longue table, devant les micros de la presse française. Oui, c'est bien mon corps, c'est bien moi qui suis là et agis ainsi. Je peine à le croire, gagnée par la sensation d'observer la scène d'en haut, avec du recul, comme si je n'étais pas à ma place. En vérité, je me sens ridicule, comme une comédienne qui ne maîtrise pas son rôle mais doit monter sur scène. Me voilà sur scène justement, médiatique celle-ci. Pourquoi? Parce que je n'ai pas le choix.

Cela fait un mois que Maëlys a disparu et l'homme mis en examen ne dit toujours rien. Cela fait un mois que ma fille s'est évaporée et je n'en peux plus de rester à ne rien faire. Il faut tenter quelque chose. Aussi, notre avocat a-t-il organisé cette conférence de presse. Un hôtel lyonnais, tout à côté de son cabinet, a mis à notre disposition une salle. La pièce est exiguë, il fait chaud. Je suis stressée par l'exercice. Sans la moindre envie d'être ici. Mais je me répète en boucle le mantra : *je suis là pour Maëlys.*

J'essaye de ne pas avoir l'air de m'excuser. Je veux que tous sentent à qui ils ont affaire : à la mère de Maëlys, une guerrière qui va se battre pour sa fille.

Mon malaise contraste avec la nonchalance des reporters qui ajustent les pieds de leurs caméras, branchent des câbles, déposent leurs micros sur notre table, gestes mécaniquement répétés tant ils les connaissent par cœur. Sont-ils présents uniquement parce que c'est leur travail et qu'ils y sont obligés ou une part d'eux-mêmes compatit-elle à mon angoisse ?

Joachim n'en mène pas plus large. Les contraires s'attirent parfois, mais pas chez nous. Lui et moi avons plutôt les mêmes caractères et aspirations : deux introvertis qui mènent une vie simple, calme, réservée. Une vie modeste qui suffisait à notre bonheur. Mais nous voilà avec des objectifs braqués sur nous, en direct sur les chaînes d'info. Une scène surréaliste.

Je n'ose pas regarder devant moi, alors je fixe mon texte. En tremblant. Où mettre mes mains? Où poser mes yeux? Je me mords les lèvres, tente un regard puis baisse les yeux à nouveau. Respiration saccadée, presque étouffée. Joachim touche ma main, me regarde. Je n'arrive plus à rien, pas même à lui rendre cette affection. Le stress m'a envahie.

Sur le mur blanc derrière nous, ont été collées des photos de notre fille. *Je suis là pour Maëlys*, me dis-je une fois encore.

Notre conseil, maître Rajon, a fait un choix : défendre les victimes. Jamais cet avocat ne prend un dossier d'accusé. Je le respecte beaucoup pour cela. Il choisit des affaires qui lui tiennent à cœur et s'y donne corps et âme.

Enfin.

Ça va commencer.

La boule dans ma gorge grossit.

*

L'avocat, sachant que nous avons peur, prend la parole le premier. J'ai la sensation qu'il nous défend dans tous les sens du terme. Journalistes, je vous préviens, mes clients ne répondront pas à vos questions, pas la peine de sauter sur eux après leur prise de parole, énonce-t-il en substance. Le cadre est clair. À nous de nous lancer.

Joachim remercie d'abord les journalistes, les enquêteurs, les personnes qui participent aux recherches. Il explique pourquoi nous ne nous sommes pas encore exprimés dans les médias. «Nous voulions protéger notre vie privée.» Il dénonce aussi l'incendie de la gendarmerie de Grenoble, survenu début septembre et qui a failli détruire des preuves importantes, puis remercie les autorités.

Nous nous étions partagé les rôles de cette façon : le père s'occupe des formalités, la mère des provocations. Une répartition évidente à mes yeux. C'est mon rôle d'exiger la vérité. D'autant que je suis celle qui a vu le suspect pendant qu'il parlait à Maëlys et qui, plus tard, lui a demandé s'il l'avait vue. Depuis le début, c'est presque entre lui et moi.

— Aujourd'hui, un individu est en détention provisoire, commencé-je. Nous lui demandons de dire tout ce qu'il s'est passé cette nuit-là et de coopérer avec la justice. Nous ne disons pas que nous recherchons un coupable à tout prix et sans preuve valable. Nous savons bien qu'il n'est pas jugé par un tribunal à l'heure actuelle.

Veiller à prendre les précautions nécessaires, ne pas contrevenir à la présomption d'innocence comme Fabien Rajon l'a recommandé, insistant bien sur ce point.

— Toutefois, au vu des dernières révélations du dossier et aussi de son attitude étrange lors du mariage - qui nous a interpellés –, nous lui demandons de révéler ce qu'il sait. Son comportement depuis le début de l'enquête ne nous convainc pas de sa bonne foi et de sa volonté de participer sérieusement à l'enquête. Il nous laisse à penser qu'il pourrait détenir des informations importantes et nous aider à retrouver notre fille.

Je lis ces mots – mes mots – avec le plus de fermeté possible, sûre qu'en détention, il regarde la télévision. Et m'entend.

— Il doit sûrement se poser beaucoup de questions et réfléchir depuis sa cellule.

En préparant mon laïus, j'ai pesé encore et encore chacun des termes à employer. Hors de question de le braquer. Au contraire, manifester de la fermeté et de la douceur, un peu comme lorsqu'on s'adresse à un enfant. J'ai choisi, à travers les médias, de m'adresser à lui sans agressivité, comme s'il s'agissait d'une invitation à se libérer et non d'une exhortation à avouer. *Soulage ta conscience, tu cogiteras moins.* À cet instant précis, j'adopte avec lui le rôle de la mère protectrice, douce, tolérante.

— Nous espérons qu'il entend notre appel à l'aide car notre seul souhait est de retrouver notre fille. Cette attente est insupportable.

Si je me fais autant violence, c'est que j'attends beaucoup de cette prise de parole. J'espère le suspect, dans sa cellule, les yeux sur l'écran, touché par mes mots. Nous ne savons presque rien de lui, aussi faut-il essayer. Tout essayer. Pour Maëlys.

— Tous ceux qui nous regardent doivent savoir que nous nous battons pour retrouver notre fille qui va avoir neuf ans le 5 novembre. Elle est joyeuse, dynamique, sportive. Elle adore les animaux et pense que tous ceux qui aiment les animaux sont des gens dignes de confiance. Elle est généreuse, elle aime aider les autres et est toujours prête à faire la fête. Elle nous manque terriblement. Nous pensons à elle chaque jour et chaque seconde. Nous espérons que cet appel sera utile et aidera l'enquête.

Je me lève, les yeux toujours baissés, regardant uniquement le sol. Des agents de sécurité se mettent entre nous et les journalistes au cas où l'un d'eux voudrait nous interpeller. Mais tous restent calmes. En un instant, nous sommes dehors. C'est terminé. La pression redescend. Il n'y a plus qu'à espérer que la stratégie fonctionne.

6

Attendre

Derrière une barrière jaune, une truie rose observe en silence ses porcelets, tous trois grimpés sur des bottes de paille. Il y a aussi deux vaches, une blanche à taches noires, une autre constellée de marron clair, chacune avec un veau à son image près d'elle dans le pré. Depuis son balcon, une dame regarde les bêtes. Elle porte un pantalon orange et une chemisette à carreaux : c'est la fermière. On voit aussi des chevaux, au moins six ou sept que des enfants caressent en souriant.

La ferme jouxte le zoo, avec son enclos séparé pour les hippopotames, espèce bien plus dangereuse qu'on ne le pense. D'ailleurs, il y a l'hôpital juste à côté. Une doctoresse aux cheveux auburn remontés en chignon visite un patient affublé d'un pyjama rayé jaune et de tongs assorties. Les agents de police, en uniforme et couvre-chef bleus, s'emploient à faire respecter la loi. Ce sont les derniers arrivés dans la ville.

Les bonshommes de plastique et leurs sourires figés sont restés à leur place, par terre, occupant tout un coin du salon. Tout le monde a l'air heureux – sauf le bandit mis en joue par une policière et qui s'apprête à passer la nuit derrière les barreaux du commissariat. Installé sur le parquet, ce monde heureux et juste commence à prendre la poussière.

Jusqu'à ce jour de fin septembre, je refusais de revenir chez nous, en plein Jura. Ne jamais y remettre les pieds sans la présence de mes deux filles. C'était ma façon de nier que ma vraie vie avait volé en éclats. Quoi qu'il survienne désormais, je pressentais que plus rien ne serait comme avant, c'était vrai : mais s'installer à nouveau à Mignovillard, c'eût été accepter que la vie continuait sans Maëlys. Nous étions allés à ce mariage à quatre, nous ne rentrerions pas à trois.

C'était au-dessus de mes forces.

J'ai cherché à me soustraire à l'atroce réalité aussi longtemps que possible. Les gendarmes nous ayant demandé de rester à leur disposition, j'avais une bonne excuse pour demeurer chez mes parents, la maison du passé. Joachim et moi n'avions pas repris le travail. Colleen raterait sa rentrée en cinquième. Elle était bonne élève, rien de grave, tout irait bien. Surtout, à quel point faut-il être désespéré pour se dire qu'est venu le temps de retourner à son domicile sans son enfant ?

Puis un jour, le lieutenant nous a informés qu'il n'aurait plus besoin de nous. Que l'enquête était en cours, qu'il faudrait être patients. Je n'avais aucune envie de rentrer sans ma fille, mais il le fallait. L'entre-deux indéfini dans lequel nous nous trouvions s'avérait intenable. Notre place pour attendre Maëlys était chez nous. Chez elle. J'ai pensé aussi que ça nous ferait peut-être du bien de nous retrouver ensemble, dans l'intimité du foyer.

Nous préparons nos valises et chargeons la Hyundai i30 noire. Nous embrassons mes parents. Je ne peux m'empêcher de penser que, d'une certaine manière, j'abandonne ma fille ici, quelque part en Isère. Joachim se met au volant. Nous prenons la route.

Pendant les deux heures trente du trajet, personne ne parle. La voiture avale les kilomètres en silence. À la radio passent des chansons que notre fille aurait sûrement chantées à tue-tête si elle avait été avec nous. À un moment, je ferme les yeux une seconde et je l'entends.

Tu me dis de regarder la vie en couleur
Quand il fait noir autour de moi

Sa voix est claire, ni grave ni aiguë comme peut l'être celle des enfants. Nous sommes en plein hiver, en janvier, mais elle porte un tee-shirt à manches longues. Elle met tellement d'énergie à interpréter les paroles d'Amir qu'elle en a chaud.

Non, non, non
Je ne sais pas ce que je ferais sans toi.

Elle a repoussé la table basse vers le canapé pour avoir plus de place. Car Maëlys chante, mais elle danse aussi ! Enfin, plus précisément, elle fait de la gymnastique, des mouvements que Colleen, qui prend des cours, lui a enseignés.

On dirait qu'on a tous un ange
On dirait, on dirait bien que c'est toi[1].

Sa sœur filme la performance artistique. Sur la vidéo, vue et revue, Maëlys jette des regards complices à l'objectif entre deux galipettes.

Je lève le nez de mon téléphone. Je me perds continuellement dans les souvenirs ces jours-ci. Je me suis remise à hanter l'album vidéo de mon smartphone. Quelques secondes ailleurs, hier. Par la fenêtre, je vois se dessiner ces paysages qui me font du bien. S'il y a un réconfort à trouver dans cette situation, c'est le retour dans le Jura. L'Isère, que j'aime pour y avoir grandi, compte plus d'habitants, plus d'entreprises, plus d'usines. Les villes se sont développées. Peu à peu, la végétation s'est

1. *On dirait*, tiré de l'album « Au cœur de moi », interprété par Amir Haddad ; compositeur Jérôme Quériaud, compositeur-auteur Nasim Khaled, éditeur Sash productions et Bukowski publishing, Warner Music, 2016.

fait moins dense. Nos montagnes offrent autre chose.

En quittant l'autoroute, nous retrouvons le relief naturel tant aimé. Je remarque la cime des arbres déjà en train de jaunir. L'automne s'installe à bas bruit. Dans notre Jura, la forêt est partout. C'est la norme ; le béton, l'exception. Notre voiture se faufile sur les routes qui zigzaguent, épousant les contours de la roche. À travers la vitre, je retrouve tous les trésors sauvages qui sont mon univers : une cascade en contrebas, un lac, les sapins à perte de vue... La beauté sauvage. La nature qui offre des horizons.

Puis nous atteignons Mignovillard, village typique du Jura, organisé autour d'une église en pierre grise au clocher en zinc. Ce bourg composé en grande partie de vieilles bâtisses, et de quelques maisons neuves construites un peu plus loin, nous nous y sommes installés en 2014. Joachim avait trouvé un travail en Suisse et y passait la semaine entière. L'Isère était trop loin pour qu'il nous rejoigne chaque soir, les filles et moi, pour le dîner. Ce n'était pas comme ça que j'avais imaginé notre vie de famille, avec un papa absent cinq jours sur sept. Nous avons donc décidé de déménager dans ce village. Ici, la température était plus basse mais les gens chaleureux. Nous n'avions ni famille ni amis, mais nous étions ensemble, tous les quatre. C'était tout ce qu'il nous fallait.

Quand je franchis le portail de notre jardin, cela fait un mois que je n'ai pas mis les pieds dans notre maison. À l'intérieur, le froid me saisit. Dans le salon, mes yeux se sont d'emblée posés sur les personnages en plastique. Que leur existence semblait simple !

Sans prononcer un mot, je regarde cette ville jouet installée avec tant de précaution par ma fille il y a exactement un mois. J'envie ces personnages, ces animaux figés, inconscients, insouciants. Je les envie, mais pourquoi? Parce qu'en fin de compte, notre existence a quelque chose de ce monde Playmobil : depuis le mariage, nous non plus n'avons pas bougé, nous n'avons touché à rien. Comme eux, j'attends que Maëlys revienne pour m'animer à nouveau.

Je fais le tour de la maison. Depuis un mois, absolument rien n'a changé. Le petit pyjama marron et violet laissé par terre dans la salle de bains est toujours là.

Je ne touche à rien. Je ne déplace rien. Tout est suspendu. Nous attendons.

*

Au début, vous attendez, parfois activement, quelque chose. Vous attendez une réponse aux provocations que vous avez lancées au suspect pendant la conférence de presse. Vous attendez des aveux. Vous attendez ne serait-ce qu'un coup de fil de l'enquêteur : *il a parlé enfin !* Vous attendez de savoir. Et puis, très vite, vous entrez dans une attente léthargique. Une attente infinie.

Chaque repas, nous le prenons tous les trois. Nous mangeons parce qu'il le faut. Au bout de la table, une place reste inoccupée et ce vide envahit tout. Depuis toujours, Maëlys est assise à la gauche de Joachim à la table de la cuisine. À présent, il insiste pour que personne ne s'installe jamais sur cette chaise – même si personne n'aurait eu l'idée de s'y asseoir pour dîner. Nous gardons la place, comme si son retour en dépendait. Chacune de nos attentions pour la faire exister compte.

Mis à part les tâches nécessaires au fonctionnement de la maison, je passe mon temps dans les souvenirs. Je vis le moins possible dans le présent.

J'aimerais que ceux qui lisent ce chapitre essayent d'imaginer la longueur de ces mois. Le temps s'étire. Vous passez de l'été à l'automne, puis de l'automne à l'hiver. Une demi-année sans travailler car vous n'en avez pas la force. Une demi-année sans rire et sans joie. Il n'y a pas de joie quand vous avez le ventre serré par l'angoisse. C'est difficile à imaginer et c'est difficile à décrire. Une demi-année à littéralement attendre.

Ça ressemble à la vie, mais ce n'est pas la vie.

*

Dès sa naissance, Maëlys était une boule d'énergie. Pour Colleen, l'accouchement avait duré de longues heures, comme c'est souvent le cas avec un premier enfant. Pour sa petite sœur, je suis arrivée à la maternité, on m'a installée dans une chambre et une demi-heure plus tard je saisissais mon bébé entre mes jambes pour le poser contre moi.

Maëlys a rapidement relevé la tête vers Joachim et moi, comme le font parfois les nourrissons. Elle avait les yeux bruns, très foncés, grands ouverts, elle nous regardait comme si nous étions des extraterrestres. Très éveillée, elle avait déjà l'air de se poser bien des questions. Ce détail m'a frappée : elle n'avait pas dix minutes que déjà Maëlys avait l'air d'*exister*.

Alors c'est vous que j'entendais tout ce temps?, l'ai-je presque entendu nous demander. Ma fille n'avait pas une seconde à perdre. C'était comme si elle en avait eu conscience dès le début.

*

Pendant ces mois d'attente, la solitude m'est tombée dessus.

La solitude a plusieurs facettes, plusieurs identités. Par exemple, je n'ai jamais aimé être seule. Avant que Maëlys disparaisse, vous auriez pu m'entendre déclarer que je « n'aimais pas la solitude ». Mais ce n'est pas la même solitude qui m'accable aujourd'hui.

Joachim et moi avons fait des enfants, et très rapidement, avons formé un clan à quatre, mot que j'aime, parce qu'il correspond assez bien à notre réalité.

Dans ce Jura où nous ne connaissions personne, nous avons bâti une complicité que nombre de familles pourraient nous envier. Nous faisions tout à quatre : aller au cinéma (notre passion commune), jouer au bowling, faire de la luge d'été, voyager, visiter le pays d'origine de mon mari et y déguster du poulet (la passion de Maëlys !).

Un lundi, alors que je racontais le week-end qui venait de passer, une collègue de travail m'a lancé :

— T'en fais des choses, avec tes enfants !

— Tant qu'on peut faire des choses ensemble, on en profite.

Je lui avais répondu ça sans réfléchir, simplement parce que c'était vrai. On ne connaît pas la justesse et la prescience de ses mots, parfois.

Au quotidien, notre organisation n'était pas simple. Joachim travaillait le jour de l'autre côté de la frontière et moi, la nuit, comme infirmière. Nous aurions pu ne faire que nous croiser, mais nous nous accrochions, nous efforçant de ne pas flancher, de ne pas nous laisser déborder et emporter par la facilité de la routine. Nous avions ainsi sacralisé le dîner. Chaque soir, nous mangions tôt pour que je puisse partir à l'hôpital ensuite. Jamais nous n'avons fait d'abord prendre le repas aux filles pour avaler un morceau ensuite tous les deux. Ce rituel, comme tout rituel, était essentiel.

Nous avions tous les quatre des caractères différents. Maëlys se montrait discrète mais déterminée. Elle n'avait peur de rien et parvenait à contourner les obstacles qui se dressaient devant elle. Comme lorsqu'elle avait commencé à se faire embêter par des camarades de l'école, par exemple. Un soir, de retour à la maison, elle m'avait dit :

— Dans le car, il y a un garçon qui m'a demandé de baisser ma culotte.

Ayant toujours eu à cœur de créer un lien de confiance avec mes filles pour qu'elles puissent me parler de tout – je crois qu'elles n'ont jamais hésité à me confier ce qui n'allait pas –, le propos m'avait alertée et rassurée. Alertée sur le fait qu'il fallait que je la mette en garde, rassurée de voir sa confiance, sa franchise et sa prudence.

D'autant que l'épisode du bus n'était pas isolé. Par exemple, un garçon – c'étaient toujours des garçons – lui tirait les cheveux. Si Maëlys n'avait pas encore beaucoup d'amis, bien qu'attristée par ce qu'il se passait, elle ne semblait pas en souffrir plus que cela. Au contraire, ce qui aurait représenté une épreuve pour beaucoup d'enfants semblait renforcer son indépendance. Elle avait accepté, je crois, que certaines choses ne dépendent pas d'elle – ce qui était la preuve d'une grande maturité – et adapté sa vie du mieux possible face à de telles contraintes. Puisque les repas à la cantine ne se déroulaient pas bien, elle rentrerait désormais prendre son déjeuner à la maison. Parfois, je me levais pour manger avec elle, mais le plus souvent, elle s'occupait elle-même de réchauffer le plat que je lui avais préparé. Elle avait installé un petit réveil dans la cuisine pour ne pas rater le car qui la ramenait en classe l'après-midi. Depuis ses sept ans, ma fille avait adopté ce mode de fonctionnement. Si le plus souvent je ne la voyais pas parce que je dormais entre mes deux nuits de travail à l'hôpital, certaines fois elle venait se glisser dans les draps et se lover contre moi. Je me réveillais quelques instants pour l'écouter – moments d'intimité où elle me racontait ce qui s'était mal passé à l'école – encore un garçon qui l'avait embêtée. Elle venait prendre sa dose de câlins, déposer ses malheurs afin de repartir, plus légère.

Colleen, moins câline, est aussi bien moins solitaire. Elle aime être entourée, un peu comme moi à vrai dire. Mais au moins étions-nous tous les quatre doux, calmes, sensibles. Des introvertis ayant besoin de tranquillité pour recharger leurs batteries, au sein du cocon de notre famille. Dans cette maison, havre de paix où tout pouvait être dit.

Cette maison de Mignovillard que je venais de retrouver, le clan éparpillé, le cœur bientôt brisé.

Un seul être vous manque et tout est dépeuplé[1]. Le vers de Lamartine est devenu célèbre parce qu'il

---

1. Alphonse de Lamartine, « L'Isolement », *Méditations poétiques*, paru en 1820.

est juste. Une seule personne disparaît d'un clan et, subitement, celui-ci cesse d'exister. Voilà ce qu'était ma solitude : un retrait du monde et le refus d'y exister sans Maëlys.

*

Joachim et moi avons eu des stratégies différentes pour gérer la tristesse, l'angoisse et la solitude qui s'abattaient sur nous. Alors que je pleurais et exprimais les émotions qui m'assaillaient, l'homme qui vivait auprès de moi se renfermait chaque jour davantage.

Les mois passaient et je sentais ma personnalité changer, se déployer, presque prendre un autre chemin. Vivant le pire drame qu'un parent puisse connaître, peu à peu je me mis à ne plus vouloir être la femme sage, docile, celle qui ne fait aucun bruit, qui ne dérange pas. Me gagnait la nécessité de parler différemment, de penser autrement. J'assumais de mieux en mieux mes émotions et ma légitimité à crier à l'injustice. Cela m'aidait à gérer la douleur.

Mais, en face de moi, sur l'autre canapé, mon compagnon se débattait avec ses émotions sans parvenir à les extérioriser ni à les digérer. Quand je laissais éclater ma frustration à propos des journalistes qui en savaient plus et plus vite que nous, Joachim, lui, se murait dans le silence. C'était une colère étouffée et invisible qui bouillonnait en lui.

Il faut dire que nous n'avions pas reçu la même éducation. J'avais grandi dans une petite famille, deux parents, deux enfants – ma sœur et moi. Aucun de nous n'était d'un naturel expansif, nous étions même vraiment pudiques quant à nos sentiments. Malgré cela, nous pouvions parler de tout et c'était déjà quelque chose.

Joachim fait partie d'une fratrie de sept frères et sœurs. En 1971, ses parents avaient décidé de quitter Porto pour s'installer en Isère. C'était un grand bouleversement. Joachim était né dans la foulée et avait dû suivre le mouvement. Il y avait, à mon sens, peu de place pour les émotions. Peut-être même que les exprimer aurait été pris comme un signe de faiblesse. Du moins, c'était l'impression que me renvoyait l'homme à la mine renfrognée qui fixait amèrement la télévision.

Il n'avait rien à voir avec celui que j'avais rencontré vingt ans plus tôt. La douleur transforme n'importe qui.

*

Pendant cette période, je pars dans mes songes.

Le premier mois, chez mes parents, je dormais d'une traite, sans faire de rêves ou en tout cas sans m'en souvenir. C'était sûrement dû aux relaxants prescrits par mon médecin qui m'abrutissaient un peu. Si bien que j'étais comme coupée de mes émotions, sans ressenti, en position *off*. Ce n'était pas lié uniquement aux médicaments, un mécanisme de protection se mettait en place, mais cette impression de flottement m'agaçait. Alors, en arrivant dans le Jura, j'avais interrompu le traitement. Ces pilules, je n'en avais pas besoin. Elles n'étaient qu'un écran de fumée ; avec ou sans elles, ma fille n'était pas là. Se laisser aller, endormir, engourdir ne servait pas à grand-chose. Il fallait retrouver Maëlys, et pour cela, j'avais besoin de toute ma lucidité.

Pendant cette période donc, je fais des rêves. Des *rêves* et non des *cauchemars*. Tous peuplés de Maëlys. La nuit, mon cerveau crée les images de ma fille qui me manquent le jour. On m'a souvent demandé si j'arrivais à dormir. Contrairement à ce que mes proches pensaient, j'adorais aller me coucher parce que Maëlys venait me voir, dans ces songes. Dans les limbes du sommeil, nous étions encore tous les quatre. Le clan au grand complet.

Mais les bienfaits de ce mécanisme cérébral sont temporaires et le réveil, cruel. Si je passais la nuit avec ma fille, chaque matin elle était repartie. Ce qui m'a valu de me lever en pleurs presque tous les matins durant ces mois d'attente.

Si la nuit j'aspirais à voir ma fille, je voulais plus que tout savoir ce qui lui était arrivé. Mes songes devenaient alors une sorte de machine à inventer des scénarios, à élaborer des hypothèses. Certains se répétaient. Maëlys revenait, on l'avait retrouvée, et elle était en pleine forme. Elle ne portait pas sa robe blanche mais d'autres vêtements. À elle. Tout allait bien et on rentrait ensemble à la maison. Il y avait aussi les cauchemars, bien sûr. Une fois, elle m'avait dit très sérieusement, avec ces termes-là :

— Il m'a violée, Maman. Il m'a fait du mal.

Moi, j'essayais de la réconforter, si soulagée qu'au moins elle soit vivante !

Au cours d'un autre rêve, c'était l'« Autre », le suspect qui venait nous chercher Joachim et moi, nous emmenait dans une forêt et nous montrait l'endroit où il avait à moitié enterré notre fille.

Souvent, dans mes rêves, je sentais Maëlys profondément traumatisée. Alors je lui murmurais doucement :

— Maman est là, nous allons affronter ça ensemble.

Quand on est mère, on veut aider son enfant à traverser le pire. Comme je pressentais ce pire, mon cerveau élaborait des scénarios où je pouvais jouer le rôle de maman qui aurait dû être le mien.

*

— Ils n'en ont pas marre de leur montage à la con !

J'ai envie de jeter mon portable à la figure des journalistes de BFMTV. Depuis qu'elles connaissent l'identité du suspect, les télévisions de la France entière ne peuvent s'empêcher d'accoler la photo de ce type à celle de ma fille.

C'est toujours la même mise en scène : à gauche de l'écran, ma douce Maëlys dans sa robe blanche du mariage, tresse en zigzag qui revient sur son épaule gauche, regard malicieux et lèvres pincées de celle qui s'est retenue de faire une grimace, pour m'offrir une photo convenable de ce moment; à droite, l'« Autre », avec son tee-shirt rose, ses lunettes de soleil sur le crâne et sa chaîne à gros maillons, entouré de ses chiens.

Avant, j'adorais la télé. Elle incarnait un moment de câlins et d'émotions à quatre : deux sur le canapé face au poste, deux sur celui du côté. Je l'avoue, je suis une pleureuse au cinéma. Maëlys m'embêtait avec ça tout le temps, elle qui contenait toujours ses pleurs. Désormais, l'écran est devenu une source d'anxiété que nous sommes contraints de regarder. Reste qu'il demeure toujours aussi insupportable d'apprendre de nouveaux éléments de l'enquête par les journalistes des chaînes d'informations en continu. Nous sommes les premiers concernés et les derniers au courant? ne cessais-je de ruminer et fulminer. Pourquoi? Mais comme nous voulons savoir... nous faisons comme tous ceux que l'affaire intéresse, de près ou de loin : nous regardons.

Loin d'être un objet de détente, la télé est devenue un bruit de fond qui tourne, au cas où.

Et puis un jour, alors que le poste est allumé et que, comme tous les jours depuis deux mois, j'ai passé ma journée à attendre, le prénom de mon enfant surgit, suivi du mot « meurtre ». J'échange un regard avec Joachim. Un regard qui signifie : *que se passe-t-il ?* Un regard de panique aussi car aucun de nous deux n'est prêt à entendre ce qui va suivre.

7

30 novembre 2017

Extrait de la conférence de presse de Jean-Yves Coquillat, procureur de la République de Grenoble

« Mon parquet a délivré, le 16 novembre dernier, un réquisitoire supplétif pour que Nordahl Lelandais soit mis en examen pour meurtre précédé d'un crime, prévu par l'article 221-2 du Code pénal. La peine prévue est la réclusion criminelle à perpétuité assortie d'une peine de sûreté de trente ans.

« Aujourd'hui Nordahl Lelandais a été entendu toute la journée. Il nie les faits qui lui sont reprochés. Je le répète, mais je crois que c'est important de le dire, il bénéficie de la présomption d'innocence.

« Naturellement, il a été entendu sur les contradictions qui figurent sur les détails de l'emploi du temps de cette nuit-là et, je n'entrerai pas dans les détails, il a nié les faits.

« Sur trois vidéos à l'heure qui nous intéresse, c'est-à-dire 2 h 47, de la caméra de surveillance du centre de Pont-de-Beauvoisin, il y en a deux où nous voyons clairement une forme blanche, plus qu'une forme, puisque c'est une silhouette de petite taille, semble-t-il, une enfant, en tout cas quelqu'un de petit, avec une robe blanche et des cheveux qui semblent bruns, dénoués, qui est à droite.

« Le véhicule, qui est une Audi A3 comme celle de Nordahl Lelandais, est corrélé avec celui-ci par un certain nombre d'éléments, d'autocollants, d'éléments concernant les jantes, concernant telle ou telle chose, qui nous permettent de penser qu'il s'agit du véhicule de Nordahl Lelandais.

« Celui-ci a aujourd'hui visionné les vidéos avec ses trois avocats et, devant ces éléments, il a indiqué que ce n'était pas sa voiture et qu'il n'était pas là.

« Pour le reste, il s'est expliqué, il s'est longuement expliqué. C'est un homme qui s'exprime calmement, avec beaucoup de sang-froid, et qui a maintenu toutes ses dénégations et a donné des explications qui sont ce qu'elles sont…

« À l'issue de son audition, il a été mis en examen par les trois juges d'instruction pour le meurtre précédé d'un autre crime. Ses avocats n'ont pas fait d'observation à cette mise en examen.

30 novembre 2017

« Voilà. Je vous ai dit tout ce que vous deviez savoir. Naturellement, l'instruction se poursuit activement.

« Il sera difficile de retrouver, disons-le, le corps de la fillette si nous ne savons pas où chercher… et la situation est celle-ci. »

8

Meurtre

D'abord, il y a le mot qui cogne dans ma tête. MEURTRE. MEURTRE. MEURTRE. Il frappe comme un poing dans mon coeur, et à son rythme - il s'est mis à battre plus fort. *Qu'est-ce qu'il dit, le procureur?* J'ai l'impression d'avoir mal compris. Tout est flou dans ma tête. Assise sur le canapé, je ne saisis pas ce que j'entends. La télévision rend-elle l'information plus crédible, ou au contraire, moins vraie? S'agit-il au moins d'une information? De quoi s'agit-il en vérité?

Et puis, il y a le trémolo du procureur quand il déclare : «disons-le». Sa voix déraille un instant. Un instant qui me fait frissonner. Car derrière l'ondulation du timbre, survient l'expression : «corps de la fillette». Le *corps* de ma fille. Le choix des termes lui ôte la vie. Et c'est la télé qui me l'annonce.

*

Tout a commencé une semaine auparavant. Maître Rajon nous appelle :

— Pouvez-vous vous déplacer jusqu'à mon cabinet ? Je dois vous montrer des vidéos. Je préférerais que nous les visionnions ensemble, s'il vous est possible de venir.

Le ton est professionnel comme toujours, mais aussi inquiet. Quelque chose d'important se passe. Bien sûr nous serons là. Rendez-vous est pris.

Le surlendemain, Joachim et moi prenons donc la route en direction du centre-ville de Lyon. Nous connaissons le chemin pour l'avoir emprunté à de nombreuses reprises depuis le 27 août dernier. L'avocat, costume sombre, cravate bien droite, nous reçoit pile à l'heure.

— Je vous en prie, asseyez-vous.

J'ignore ce qu'il va nous montrer. Nous sommes dans l'attente depuis si longtemps, maintenant, que je me crois prête à tout voir et à tout entendre. Fabien Rajon pianote sur le clavier d'un ordinateur portable quelques secondes puis fait pivoter la machine vers nous.

— Les images sont issues d'une caméra de vidéosurveillance du centre de Pont-de-Beauvoisin, la nuit de la disparition de Maëlys. Une voiture passe. Nous pensons qu'il peut s'agir de l'Audi A3 du suspect.

Avant de lancer la vidéo, il nous prévient que le flux est rapide. Nous aurons probablement besoin de les regarder plusieurs fois, ce qui sera possible, inutile de s'en inquiéter. Il faut que nous soyons très concentrés, car nous avons devant nous ce qui peut constituer un élément de preuve important.

J'écarquille les yeux. Joachim réajuste sa chaise. Nous nous tenons tout droit, face à l'écran, gagnés par la peur de rater quelque chose. Notre avocat lance le fichier.

Une voiture passe. Effectivement, l'image est rapide et il fait nuit noire. Nous regardons la vidéo à plusieurs reprises. À l'intérieur de l'habitacle, on distingue le conducteur et, sur le siège passager, une forme blanche. J'essaye d'être la plus juste possible dans ma description : les images sont de piètre qualité alors je ne sais pas si je reconnais *ma* fille. Mais c'est une certitude, une petite fille en robe passe, encore et encore, sur cette bande. Avec une robe blanche comme celle que Maëlys avait choisi de porter pour le mariage de mon cousin.

Plus tard, lors d'un entretien télévisé avec la journaliste Ruth Elkrief, l'avocat du suspect, Alain Jakubowicz, dira qu'il ne s'agit pas de la silhouette d'une enfant. Il affirmera reconnaître un décolleté de femme profond et carré. Je me souviens alors avoir pensé : *Il va trop loin…*

Plus que la forme et le vêtement blanc, un détail me frappe et me glace le sang. L'enfant que je perçois sur la vidéo n'est pas installée calmement sur son siège. La silhouette paraît collée à la portière, comme si elle cherchait à se tenir le plus loin possible du conducteur. Elle se tient comme quelqu'un qui a très peur.

L'existence des images de vidéosurveillance est rapidement révélée dans la presse. La présence de l'ombre blanche qui ressemble à Maëlys permet aux magistrats de mettre en examen le suspect pour meurtre. Jusqu'à présent, il ne l'était *que* (si j'ose écrire) pour enlèvement et séquestration d'une mineure de moins de quinze ans.

Les vidéos ont aussi permis d'établir la chronologie des déplacements de la voiture dans la nuit du mariage.

À partir des éléments que les enquêteurs ont pu récolter, le parquet a élaboré une théorie que le procureur de la République détaille devant les journalistes, les caméras et nous, effondrés, face à notre télévision.

Maëlys aurait été enlevée la nuit fatidique peu avant 2 h 47, heure du passage du véhicule devant la caméra de surveillance. «Pour nous, c'est la période où l'homicide a eu lieu», déclare le représentant du parquet. L'homme au tee-shirt bleu serait, ensuite, revenu à la salle des fêtes pour repartir dissimuler le corps de ma fille.

*

L'espoir est une émotion terrible. En tant qu'adulte, vous savez comment gérer votre tristesse. Depuis l'enfance, vous avez appris – dans le meilleur des cas – à vous débarrasser peu à peu de vos frustrations et de votre colère.

Mais l'espoir, lui, ne s'apprend pas. Demandez à n'importe qui et il vous répondra qu'à l'instar de la joie, il ne s'enseigne ni n'a besoin d'être inculqué puisqu'il s'agit d'une émotion positive.

En réalité, l'espoir est une conviction, une croyance, presque, qui vous poursuit et ne vous lâche jamais. C'est penser que quelque chose va surgir pour arranger la situation, que la vie vous redonnera forcément ce qu'elle vous a pris. Une émotion extrême, folle, irraisonnée, souvent irrationnelle en la circonstance. Or jusqu'au bout, l'espoir vous hante.

Même après cette conférence de presse funeste, tapie au creux de notre conscience, demeurait en nous l'attente d'une possible bonne surprise, d'une porte non pas à jamais fermée mais entrouverte, d'une lumière qui ne s'éteindrait pas aussi violemment : celle de notre fille encore vivante.

9

Devenir fous

Dans la boîte aux lettres, un courrier de Pierrette. Je reconnais son écriture soignée. Je rentre vite me mettre au chaud, le jardin est blanc de neige et il fait un froid glacial. Pierrette est une grand-mère qui vit près de Nantes. Je l'imagine petite, toute mignonne mais, pour dire la vérité, je n'ai jamais vu Pierrette et Pierrette ne nous a jamais vus autrement qu'à travers son poste de télévision. Cette vieille dame nous écrit depuis le début. Elle a envoyé son premier courrier quand elle a entendu parler de la disparition de notre fille fin août. Puis elle a écrit pour l'anniversaire de Maëlys le 5 novembre. Elle envoie un mot aujourd'hui parce que c'est Noël. Le premier sans Maëlys.

— Vite, vite, vite ! Réveillez-vous ! Allez, debout !

Maëlys saute sur le lit et manque de nous écraser une jambe. J'admire beaucoup l'autonomie de ma fille. Chaque matin, elle se lève vers 8 h 30, bien trop tôt pour le week-end ! Elle allume la télé sur la chaîne où passent les dessins animés et installe les animaux de la ferme Playmobil – ses préférés. Comme elle veut être agricultrice, elle crée des histoires et joue à imaginer son avenir. Maëlys n'est pas le genre d'enfant à avoir besoin de ses parents sitôt levée, je la soupçonne même d'apprécier ce moment de calme et de solitude, où elle peut *faire sa vie* comme on dit. Sauf aujourd'hui bien sûr. Aujourd'hui, nous sommes le 24 décembre 2016. C'est Noël.

Sous le sapin, il y a trois cadeaux pour elle. Notre règle : trois paquets par enfant. Le nombre peut varier en fonction de la valeur du présent. Ainsi, près des chaussons de Colleen, seules deux boîtes enrubannées attendent. Et pour cause ! Cette année, elle reçoit son premier téléphone portable.

Nous fêtons Noël une journée en avance cette fois-ci car je travaille la nuit prochaine.

— Les Playmobil policiers ! hurle la cadette.

Les grands yeux rieurs de Maëlys illuminent mon cœur. Elle les a attendus, ces bonshommes. La joie se lit sur son visage. Les agents et autres commissaires sortent immédiatement de la boîte en carton pour rejoindre le zoo, la ferme, les médecins de l'hôpital. Il y a enfin quelqu'un pour faire respecter la loi dans cette ville !

Je ressasse encore et encore ces souvenirs, abîmée dans le passé, le présent se révélant trop douloureux. Les gens qui ont perdu un proche disent qu'il faut vivre une année complète sans lui pour s'habituer à son absence. Notamment aux dates importantes que sont les anniversaires ou Noël évidemment. Notre cas est différent : nous n'avons pas *perdu* Maëlys. Notre fille est absente et nous ignorons où elle se trouve et ce qui lui est arrivé.

*

Chaque année, mon plaisir est de décorer la maison pour les fêtes. Pour le sapin, j'utilise les objets que les filles ont fabriqués à l'école : des cartes de vœux, des arbres en carton, des étoiles découpées dans du papier doré… Il y a aussi les figurines que j'achète avec elles. Parmi les dernières arrivées, Winnie l'ourson et Mickey. Ils ne font pas très Noël, mais qu'importe, c'est la tradition, notre coutume familiale.

Par respect pour celle-ci, je les ai disposées comme d'habitude dans la maison. Mais leur présence me rappelle qu'il manque Maëlys. Je n'arrive pas à rester dans le présent. Un peu comme un patient qui après une anesthésie générale subie quelques heures plus tôt, lutte pour se réveiller mais finit toujours par retomber dans sa léthargie, voir un objet quel qu'il soit m'embarque systématiquement dans le souvenir et le regret.

Ma mère nous avait offert une crèche de Noël. Je ne suis pas croyante mais Maëlys l'aimait beaucoup. Je la mets en place chaque année. L'âne, le bœuf, Joseph, Marie et compagnie, tous sont installés sur une plateforme ronde, comme une boîte à musique qu'il faut remonter pour écouter, sauf qu'ici il faut tourner l'un des bergers pour déclencher le son. La crèche se met alors en marche au rythme de *Douce nuit*.

— Mamaaaaaaan ! J'ai démonté le tourniquet !

Dans ma tête, comme à chaque Noël, ma fille finit par faire dérailler le mécanisme. Je la vois, tout embarrassée.

— Je l'ai tourné dans le mauvais sens, ça s'est dévissé…

Elle me manque tellement.

*

Quelqu'un essaye de vous contacter. J'appuie sur l'application Messenger. Une vidéo prise dans une gare envahit l'écran de mon téléphone. Des voyageurs passent avec leurs valises. Je ne vois pas quel est l'intérêt de m'envoyer ces images, quand j'aperçois quelque chose – ou plutôt quelqu'un. Au second plan, une petite fille brune, aux cheveux mi-longs a l'air d'être toute seule.

Je sais qu'il ne s'agit pas de ma fille. Je le sais, mais n'ai aucune envie de l'admettre, vous comprenez ? Je désire que ce soit Maëlys qui erre dans cette gare, j'ai besoin que quelqu'un l'ait vue, je veux que quelqu'un l'ait croisée vivante, que cette vidéo me paraisse plausible. Les images qu'un inconnu m'envoie ce soir pourraient relancer l'enquête, on dirait : *nous nous sommes trompés, Maëlys n'a pas été tuée*, un nouveau souffle viendrait nous hanter. Car, pour moi, ma fille n'est pas morte. Elle ne peut être morte. C'est impossible. Quelle que soit la qualification de la mise en examen, j'attends toujours de comprendre ce qu'il s'est passé et de la retrouver.

Quand votre sensibilité de maman et votre déni percutent la réalité, la folie guette. C'est comme tenter de faire rentrer un rond dans un carré avec la certitude d'y arriver : ça ne colle pas, mais vous vous obstinez.

À ce moment-là, mon quotidien ne ressemble plus à rien. Tout est lourd. L'atmosphère de la pièce, le ton de la vie sans elle en train de sauter partout, de dire : « je vais faire du vélo », de clamer : « regarde comment je fais de la gym »; rien ne va, ne s'accorde, ne vibre plus. Joachim et moi ne voyons personne d'autre que Colleen et pendant qu'elle est au collège, nous restons tous deux à la maison, la journée à ressasser sans mot dire. J'ai l'impression qu'on respire mieux ainsi, tant les autres nous étouffent avec leur vie qui continue, leurs anecdotes ou leurs regards de pitié. Nous préférons être au calme, chez nous, à attendre notre fille.

Puisque nous ne sortons pas, le seul espoir possible ne peut venir que de l'extérieur. Nous sommes preneurs de tout, absolument tout.

Nous recevons des courriers et nombre de messages par Internet. Des pistes plus ou moins farfelues. Quel que soit l'indice microscopique qui s'y trouve, nous l'étudions avec le plus grand sérieux. Les sourcils froncés à chaque lecture, nous jouons les enquêteurs de pacotille. C'en devient ridicule, mais avons-nous le choix ? Nous ne sommes pas prêts à renoncer.

Un voyant nous jure qu'il sent notre fille au milieu d'une forêt immense. Je réponds que ce n'est pas assez détaillé, qu'il nous faut plus d'éléments, sinon les gendarmes n'arriveront jamais au bon endroit.

Bien sûr, nous ne sommes pas idiots et savons que les tentatives d'obtenir des informations par les biais les plus alternatifs sont sûrement vaines. Mais si nous n'essayons pas ? Oui, les chances sont très minces… mais si on finissait par la retrouver, n'aurait-on pas bien fait de suivre ce genre d'intuition ? Qu'elle provienne d'une voyante ou d'une vidéo inconnue ? Nous devenons paranoïaques. *Cette lettre que je n'ai pas prise en considération, et si elle avait été la clé de notre salut ?*

Chaque piste – fausse – est donc étudiée par Joachim ou par moi, puis transmise aux gendarmes. Nous appelons « notre » enquêteur deux, trois fois par semaine, parfois davantage. Où en est-il de l'indice d'il y a dix jours ? A-t-il bien envoyé une équipe à Strasbourg après le courrier que nous lui avons fourni ? Nous n'avons pas besoin de cahier où consigner ces « investigations », connaissant tous les éléments par cœur. Lui se montre patient, conscient – j'imagine – de ce que nous ressentons, de notre détresse qui nous met à la merci de la moindre affabulation. Je crois que nous étions parfois à la limite du harcèlement. Nous devenions un peu cinglés.

*

Notre vie tourne tellement autour de Maëlys que Colleen se sent abandonnée. Nous ne parlons que des souvenirs avec sa sœur et de l'enquête. Si nous essayons de ne pas trop les évoquer devant elle pour la préserver, elle sent et perçoit ces obsessions. Nous ne sommes plus nous-mêmes, plus vraiment des parents, rien que des boules de nerfs qui tentent de survivre.

*

La sonnerie du téléphone me sort un peu de ma torpeur. Je décroche. C'est la juge d'instruction, elle veut nous voir. Ma voix est anesthésiée par ces semaines interminables d'attente. Je suis en train de me noyer progressivement dans le chagrin et la folie.

Ce ne sont pas les prédictions vaseuses d'un voyant. Non. Cette fois, il se passe quelque chose, pour de vrai.

La juge d'instruction qui enquête sur le meurtre de votre fille veut vous voir. Cela ne peut pas être bon signe.

10

Pas pleurer

Astrid, toi et moi, on a traversé toutes les épreuves ensemble, tu crois vraiment qu'on va pas y arriver? Astrid, tu m'as, moi. Peu importe ce qui se passe, peu importe ce que ça peut être ou ce que tu veux que ça devienne, je suis là pour toi. Il y aura toujours dans ce monde Astrid plus Harold. C'est juré.

C'est parti pour la montée d'émotion incontrôlable, avec le final de larmes que je sens arriver. Je me retiens tant que je peux, j'ai la gorge serrée, les yeux humides de larmes. Je ravale un sanglot. Le générique de fin de *Dragons 2* démarre et les lumières de la salle se rallument. J'attrape un mouchoir dans mon sac, sur le siège de gauche.

— Ah, mais tu pleures !

J'éclate de rire et les larmes roulent en même temps sur mes joues. Mon mouchoir en papier est trempé. À ma droite, Maëlys a l'air ravie de me voir me débattre avec cet émoi cinématographique. Chez nous, je suis la pleureuse du groupe ! Elle pose sa main sur la mienne, me fait un bisou et me sourit, comme si mes yeux qui coulent la rassuraient : *Maman pleure à la fin d'un film, la vie est parfaitement normale.* La banalité, la stabilité, le statu quo ; voilà qui est rassurant pour un enfant. Qui plus est quand cela lui donne l'occasion de se moquer gentiment de sa mère, ce qui est toujours un délice pour ma petite fille, si taquine et malicieuse.

Chez Maëlys, asticoter l'autre est un plaisir, et aussi une façon de s'en protéger. Car chez cette enfant très pudique – une pudeur physique mais aussi dans la manifestation des sentiments –, dévoiler ses émotions donne à voir une vulnérabilité supplémentaire à laquelle les autres peuvent s'accrocher pour la blesser, l'atteindre. Contrairement à moi, Maëlys ne vit pas dans le monde des bisounours. Lorsqu'elle regarde l'autre, elle le fait avec son sens critique ; elle semble même déjà savoir à qui elle a affaire. Je crois que c'est lié aux brimades subies à l'école cette année. En tout cas, pleurer ne fait en rien partie de son mode d'expression. L'autre étant suffisamment méchant par nature, pas question de lui accorder ce plaisir.

— Je vous en prie, entrez.

Violence du retour à la réalité. En un centième de seconde, je réintègre mon corps. La douleur et l'angoisse reviennent instantanément. Combien de temps ai-je passé dans cette vie artificielle ? Cela fait six mois que je ne vais plus au travail et que j'occupe mes journées à regarder les photos et les vidéos de ma fille, avachie sur le canapé. Si je devais faire une estimation, je dirais qu'au moins cinquante pour cent de mes journées se perdent dans cet univers de souvenirs. Au moins, dans ce monde, ma fille disparue est présente. Là, je suis encore une femme naïve qui croit à la bonté humaine. Que cet univers parallèle est doux et heureux.

C'est incroyable, comme on peut tromper son cerveau, lui faire croire, dans le rêve et les flash-back, qu'il ne souffre plus. Cet anesthésiant mental naturel se paye le prix fort : quand j'en reviens, la douleur est décuplée. Mais, sans cette technique, je ne survivrais pas à ce que je traverse. Il y aurait trop de stress. Je serais sûrement déjà morte d'inquiétude et de chagrin.

Dans le bureau de la juge d'instruction, minuscule et mal rangé, s'accumulent des dossiers rouges entassés partout. La pièce est visiblement trop petite pour tout le travail que la magistrate doit y accomplir. J'y vois une belle analogie avec le fonctionnement judiciaire. C'est le bordel, ici.

En s'asseyant sur l'une des chaises en face du bureau de la juge, Joachim saisit ma main et la serre une seconde. Ce geste signifie : *il va falloir être forts*. Personne ne ressort indemne d'un rendez-vous chez un juge d'instruction, nous le savons. Je m'assieds. Ce que j'ignore, c'est si je suis prête à entendre ce que va nous annoncer cette femme.

Alors je la regarde et j'attends. Ma respiration est imperceptible. Tant qu'elle n'ouvre pas la bouche, je reste en position *off*.

Silencieuse, la magistrate réajuste ses lunettes et ouvre un dossier qu'elle connaît sûrement par cœur. *Notre* dossier. Ses mouvements sont lents; je sens qu'elle cherche à se donner une contenance : elle tourne une page ou deux, sort un document et le range deux feuilles plus loin. Elle a le visage fatigué de celle qui a déjà annoncé trop de mauvaises nouvelles. Je me demande si elle a déjà envisagé de changer de profession pour faire un métier qui apporte du bonheur aux gens. Footballeuse, par exemple.

La juge prend une inspiration lasse. Puis, lève les yeux sur nous.

— Tout d'abord, merci d'être ici.

Joachim et moi restons immobiles. Sans répondre. Des statues suspendues aux lèvres qui s'agitent devant elles.

— Je vous ai demandé de venir aujourd'hui, car nos experts de l'IRCGN[1]... euh, ce sont les gendarmes qui font les analyses scientifiques de tous les scellés... Ces experts ont désossé la voiture de M. Lelandais. Comme vous le savez, il l'avait nettoyée de fond en comble, ce qui explique pourquoi nous avons mis autant de temps à trouver quelque chose.

1. Institut de recherche criminelle de la gendarmerie nationale.

Chaque mot est la pierre d'un pont que je ne veux pas voir construit.

— Monsieur et madame De Araujo, dans cette voiture, ces experts ont trouvé une microgoutte de sang. Les analyses ADN sont formelles, nous les avons refaites plusieurs fois pour en être certains : ce sang appartient à Maëlys.

Elle s'exprime avec une extrême douceur, comme si le ton employé pouvait changer quoi que ce soit à la torture qu'elle est en train de nous infliger. On me plante un couteau dans la cage thoracique et on le fait glisser jusqu'à mon pubis, me découpant lentement en deux. L'image est à peu près celle qui décrit le mieux ce que je ressens, à cet instant, dans ce bureau.

La femme nous tend une feuille épaisse qu'elle tire du gros dossier rouge. C'est une photo. Joachim la saisit et la place entre nous deux. Nous approchons de l'image : apparaît une petite goutte de sang, bien rouge. La photo a été grossie des dizaines de fois, parce qu'en réalité la goutte est minuscule. Découverte sur un tapis noir, elle est invisible à l'œil nu et a nécessité l'intervention d'un gendarme scientifique, expert en tapis de voiture comme indiqué juste avant.

— Et cette photo, c'est quelle partie de l'Audi? Enfin... je veux dire... Elle a été retrouvée où exactement dans la voiture, cette goutte de sang? demande Joachim.

— Dans le coffre. Sur le côté gauche.

La juge nous parle avec lenteur et gravité. Elle pose les informations les unes sur les autres, avec la précaution d'un jeune enfant qui construit une pyramide de cubes et la concentration d'un joueur d'échecs. Tout cela ne sert à rien, sa diplomatie n'apaise pas. J'ai envie de lui jeter ses égards à la figure.

Soudain, je me lève de mon siège et me mets à hurler avec toute l'aigreur que j'ai en moi :

— Et vous avez mis six mois pour la sortir, cette goutte de sang? Six mois? Vous savez ce que c'est, vous, d'attendre? Attendre, encore et encore. Attendre! Ne faire qu'attendre. Vous avez la moindre idée de ce que c'est? C'est insupportable!

Je hurle l'injustice, je pleure de rage. J'insulte l'institution judiciaire et crache tout le dégoût qu'elle m'inspire, la rage qui est en moi comme la frustration d'avoir été laissée dans le silence alors qu'a disparu l'un des amours de ma vie.

— Vous ne pensez pas aux victimes, vous ne pensez pas aux parents. Avez-vous ne serait-ce qu'imaginé ce que ça fait? Ah non! Bien sûr que nous! Vous, c'est votre travail... Vous rentrez chez vous tranquillement le soir et vous nous oubliez. Mais nous, c'est notre vie! Vous n'en avez rien à faire... On apprend les nouvelles dans *Le Dauphiné libéré* ou à la télé, la mise en examen pour meurtre, pareil! Vous appelez ça la justice, vous? C'est dégueulasse!

Est-ce que je dis tout ça? Bien sûr que non. Comme d'habitude, Jennifer garde ses démons et sa fureur à l'intérieur. En réalité, les larmes montent. Je pleure, comme s'il était suffisant de pleurer. Et je me sens incapable de regarder en face la blessure infinie que la juge vient de creuser en moi. Alors, en silence, je me concentre sur mes colères. Ma colère envers elle, même si je n'ai pas de réel reproche à lui faire, et envers l'institution qu'elle représente; ma colère envers l'« Autre » qui depuis le début ne dit rien.

D'ailleurs, il n'était pas dans sa cellule ce matin. Lui et son avocat faisaient une demande de remise en liberté. Quelle blague! Quel culot! La magistrate nous indique que cette requête a été rejetée. Nordahl Lelandais ne sortira pas de détention provisoire. Il ne manquerait plus que ça!

Comme si elle pouvait entendre mes pensées, elle ajoute :

— Il était important pour moi de vous révéler cet élément de l'enquête en premier. Vous êtes les parents de Maëlys, vous avez le droit de savoir. Sachez que je vais rapidement solliciter maître Jakubowicz pour le prévenir du résultat de nos expertises. Je vous demande de garder pour vous les informations que je viens de vous donner. S'il y avait des fuites dans la presse ou si le suspect parvenait à se préparer d'une manière ou d'une autre à cette nouvelle, nous pourrions perdre notre avantage. Vous avez déjà beaucoup attendu.

Mon objectif est de le faire parler pour retrouver votre fille au plus vite.

Est-ce qu'il s'est écoulé cinq minutes ? Une heure ? Je n'en ai pas la moindre idée. J'ai la tête qui tourne quand je me lève de ma chaise.

*

À la sortie du tribunal, la nuit tombe déjà. Nous saluons notre avocat qui était auprès de nous tout au long de ce rendez-vous. Nous le remercions, plus par réflexe que par politesse. Il n'y a plus de courtoisie. Il n'y a plus d'usages. Il n'y a plus que le silence.

Sur le chemin du retour, il est tellement prégnant qu'il en devient presque une matière palpable, visqueuse et verdâtre qui se colle à nous et obstrue l'habitacle. J'aimerais en sortir et pouvoir partager quelque chose avec l'homme que j'aime, mais reste-t-il quelque chose à partager ? On m'a rapetissée, amoindrie, je me sens disparaître, littéralement réduite au silence. Nous n'avons rien à dire ni l'un ni l'autre. Alors, nous roulons. Deux cent soixante-neuf kilomètres jusqu'à Mignovillard et aucun mot.

Joachim, je suis tellement désolée. Je voudrais te consoler, te dire que ça va aller. Je voudrais t'aimer mille fois plus que d'habitude et bien mieux que ces derniers mois. J'aimerais prendre ta main et dire, sans un mot, qu'il me reste encore de la force pour affronter l'ultime épreuve avec toi. Mais si je te parle, si je te dis ce à quoi je pense depuis le début du trajet, alors tu sauras que, dans mon esprit, il n'y a plus rien d'autre que la fin. Tu sauras que Maëlys va nous quitter pour toujours. Peut-être le sais-tu déjà, je l'ignore. Mais je refuse d'être celle qui te fera basculer. Je ne dirai pas le courage perdu. Je ne t'avouerai pas à voix haute la probabilité de la mort.

À ma place sur le siège passager, ceinture bouclée, je regarde la nuit assombrir peu à peu les forêts enneigées. Il fait froid. J'ai gardé mon manteau. Mes bras se serrent autour de moi comme pour me réconforter. Un geste qui traduit surtout ma volonté de contenir ce qui me hante. Je ressemble à la femme au cinéma, celle qui cherchait à cacher ce qu'elle ressentait. Mais cette fois, je refuse de céder à l'émotion. Je serre les bras comme je serre les dents. Pour ne plus être la pleureuse du groupe. Il me faut être forte, comme Maëlys, une mère qui refuse de s'effondrer dans la voiture.

Joachim se gare devant la maison. Je descends. Les derniers mètres sont les plus difficiles. La nuit est glaciale, il a neigé ici. Je fais attention à ne pas glisser dans l'allée. La clé dans la serrure. Deux tours. La maison est sombre. Colleen dort chez une amie. Il est plus de 22 heures. La journée a duré une éternité.

Je ne prends pas le temps d'allumer la lumière. Je jette mon manteau sur le canapé et me dirige vers la salle de bains. Je m'enferme. Visage contre la porte, je prends une grande inspiration. Moi qui déteste être seule, je suis soulagée cette fois. J'enlève mon gros pull, mon jean, mes chaussettes. Je fais glisser la paroi de douche sur le côté et je tourne les robinets. Je retire mon tee-shirt et mes sous-vêtements pendant que l'eau chauffe. J'attends quelques secondes toute nue, immobile devant la cabine et j'entre. Je me mets sous le jet. Je brûle ma peau sèche et froide. Je passe mes mains dans mes cheveux pour bien m'immerger et saisis le pommeau. Je le colle à ma bouche comme pour me faire taire encore une minute.

D'abord, je hoquette pour faire sauter les verrous. Le pommeau sur les lèvres, je glisse lentement jusqu'à m'accroupir et vient le signal. Un premier cri. Puis des pleurs. Les jambes pliées, je mets ma tête entre mes genoux et ma voix se fait grave. Je gémis comme un animal. C'est désordonné. Je pleure. Je vomis celui qui a fait saigner ma fille. Je n'ai plus d'humanité.

Tu n'as pas vu Maëlys? Il répond que *non il l'a pas vue.*

Le tee-shirt bleu.

Pourquoi tu l'as cru? Je hurle sur cette conne. Je hurle sur moi. Et si Maëlys était là, dans son coffre de voiture? À deux mètres de toi! Comment tu as pu le croire?

Il avait peut-être ta fille dans son coffre.

Ta fille recroquevillée dans son coffre.

Du sang.

du 13 au 28 août
↳ Turquie.

~~Dimanche~~
[redacted] ~~26 juin~~

Dimanche 3 juillet
journée Vosges.
(Tyrolienne)

[redacted]

Kiné 16H30
Mercredi 11 H30

Vendredi 22, 23, 24
(enterrement vie jeune fille Aude)

Dimanche 29 Mai
Tour de la Mirabelle.

---

4 juin Mariage Aude -
(Matheo chez cedric ?) -

---

du 13 juillet au lundi 18 juillet
fin de journée (castres).

→

Il y avait du sang dans le coffre.

Du sang dans le coffre.

Le sang de Maëlys.

Dans le coffre.

Maëlys bébé les yeux grands ouverts. *Alors c'est vous les extraterrestres que j'entendais ?*

Maëlys.

T'es jalouse de notre bronzage, Maman ?

Elle est où, Maëlys ?

Elle a saigné. On a trouvé une goutte de sang. Où ? Dans le coffre, sur le côté gauche.

Il y a une goutte de sang. C'est le sang de Maëlys.

Le sang de Maëlys.

Le sang de Maëlys.

Je pleure à m'en vider. Plaintive, comme une bête, je gueule l'espoir qui s'en va.

II

MOURIR

11

Le jour le plus long

Ces six mois d'attente interminable ont un apogée. Le voici.

14 février 2018. Il est encore tôt mais je suis réveillée, douchée, habillée. Depuis que nous sommes rentrés à Mignovillard sans Maëlys, je ne travaille pas, ne sors pas, ne projette rien, mais tous les jours, je me lève. Hors de question de traîner au lit, ne pas rester en robe de chambre la journée entière. Chaque matin, être debout tôt. Se préparer comme si Maëlys pouvait surgir avec ces questions : *Pourquoi t'es encore en pyjama, Maman ? Pourquoi t'as l'air triste ?* Depuis une semaine bien sûr je sais qu'elle ne reviendra pas, mais je continue à sortir du lit et à me préparer.

Quelle drôle d'expression que « se préparer ». À quoi ? Au pire ? Mais n'est-il pas déjà là ? On fait un café, on choisit des vêtements dans le placard, on met une crème inutile sur son visage et on appelle ça *se préparer*. Se préparer à affronter une nouvelle journée, un travail qu'on n'aime plus, se préparer à laisser son enfant à la crèche alors qu'on a envie de passer du temps avec lui, se préparer à être la personne sociable que les autres apprécient mais qu'au fond on n'est pas vraiment ? Tous les jours, nous nous préparons tous à quelque chose. Pendant des mois, je me suis préparée, inconditionnellement, chaque matin, sans savoir ce que j'allais vivre. Et vous savez quoi ? Arrêtons. Cela ne sert à rien. Je ne suis et ne serai jamais prête pour cette journée.

La sonnerie de mon téléphone retentit. Il n'est pas encore 9 heures. Mon cœur s'accélère. Joachim est à côté de moi. Lui aussi s'est « préparé ». Nous échangeons un regard inquiet.

— Allô ?

— Bonjour, madame Cleyet-Marrel.

C'est l'enquêteur.

— Ça y est. Il a décidé de parler. Il va nous montrer où il a mis le corps de votre fille.

Je perçois du bruit derrière la voix. Le gendarme au bout du fil s'excuse, il ne m'entend pas très bien non plus. Il est dans l'un des camions du convoi qui part pour la montagne. Sept ou huit camionnettes et voitures se sont mises en route, en file indienne. Avec les enquêteurs de la section de recherches de Grenoble, les trois juges d'instruction, le procureur de la République, l'avocat Alain Jakubowicz ; et puis il y a l'« Autre », évidemment.

— Je suis désolé de devoir vous faire patienter une fois encore. Je sais que vous attendez depuis longtemps, mais je voulais que vous l'appreniez par quelqu'un de chez nous, plutôt que par la presse. Promis, je vous rappellerai et vous tiendrai au courant dès que nous serons au bon endroit.

— Merci, lieutenant. Nous attendrons votre appel. Au revoir.

Ma voix est blanche. En face de moi, Joachim est suspendu à mes lèvres. J'ai oublié de mettre le haut-parleur.

— Il va parler. L'« Autre », il va parler. Il va dire où il a mis Maëlys.

Je répète bêtement ce que j'ai entendu. J'appose les mots les uns à côté des autres. À une différence près : je ne dis que *Maëlys*, je ne parle pas de corps. Je ne formulerai pas tout haut ce qui est déjà bien trop douloureux en sourdine.

Tout a commencé deux jours auparavant. Lundi 12 février, maître Jakubowicz a appelé notre avocat.

— J'ai bien reçu l'expertise de la goutte de sang dans le coffre.

— Bien. Qu'allez-vous faire maintenant ? demande sûrement Fabien Rajon.

J'imagine la conversation, car je n'y ai évidemment pas assisté. J'ignore de quelle manière deux avocats échangent quand ils ne sont ni devant leurs clients ni devant les journalistes. Lorsque j'y pense, je vois quand même le nôtre répondre avec fermeté et froideur. Certes, il sait que celui avec qui il converse est son confrère, mais peut-être aussi bientôt son « adversaire » devant la cour d'assises. Je n'en sais rien. Sans doute mesure-t-il donc ses réactions. En moi, en tout cas, je visualise son attitude ainsi : mesure, réserve. Ne rien laisser paraître. Parce que je crois que maître Rajon a pris notre dossier en s'imaginant à notre place, cette place dont personne ne voudrait, parce qu'il nous défend comme il aurait aimé être défendu si c'était lui qui avait perdu un petit. Parce qu'il sait que c'est notre vie, pas un jeu.

— Qu'allez-vous faire maintenant ?

— À votre avis ? Me rendre à Saint-Quentin-Fallavier. Essayer de le faire parler.

Le lendemain, Alain Jakubowicz a pris sa voiture, fait les quarante kilomètres qui séparent son cabinet du centre pénitentiaire de Saint-Quentin-Fallavier et sollicité un tête-à-tête avec son client. L'avocat a dû parler de la goutte : *Ils ont retrouvé du sang qui appartient à Maëlys dans votre coffre.* Peut-être l'« Autre » n'a-t-il pas eu l'air surpris ou peut-être que si. Personne ne saura ce que les deux hommes se sont réellement dit cet après-midi-là, secret professionnel oblige. Personne ne saura combien de temps a duré leur conversation et lequel des deux a parlé davantage, tant que le défenseur ne l'aura pas dit. Toujours est-il qu'à la fin, l'un a demandé à l'autre d'organiser un entretien avec les juges d'instruction. « Il » était prêt à parler.

Le jour suivant, «il» est extrait de sa cellule à 7 h 45. À sa demande, il est conduit jusqu'aux juges d'instruction. La rencontre se déroule au palais de justice de Grenoble où «il» est entendu «de manière lapidaire», dira la journaliste de BFMTV en plateau. Ensuite, un convoi va s'ébranler. Vers la délivrance? Quelle délivrance?

*

Depuis que Maëlys a disparu, je n'ai jamais oublié une seconde que j'étais en train d'attendre. J'ai attendu sans rien faire d'autre. Une leçon de patience longue de six mois. Aussi, les dernières heures n'en finissent-elles plus. Nous les passons sur notre canapé, devant la télévision. J'aurais imaginé un autre cadre pour le point de bascule de notre vie. Mais c'est ainsi. La pire journée de mon existence se déroule au son d'une chaîne d'informations. Rien ne sert de se battre contre ce qu'on ne peut maîtriser.

Le suspect et son avocat, les trois juges et le procureur quittent le tribunal et prennent la route en direction de Pont-de-Beauvoisin. Là où tout a commencé; là où tout a fini.

À la gendarmerie, un convoi se forme bientôt. Des camions blancs qui suivent des camions gris qui suivent des camions bleus. Les journalistes, toujours dans les «bons coups», derrière les caméras et les appareils photo, regardent partir les véhicules en direction des montagnes.

Les recherches ressemblent à un grand théâtre à ciel ouvert. Chacun a son rôle à jouer et s'y cantonne. Dans leur camion blanc siglé, il y a les techniciens de l'identité judiciaire et les experts de l'IRCGN. Ces scientifiques de la gendarmerie ont découvert la goutte de sang de Maëlys dans le coffre de l'Audi. Ce matin, ils sont venus spécialement de Cergy-Pontoise, en banlieue parisienne, avec leur camionnette transformée en laboratoire. Ils sont chargés de faire les prélèvements génétiques si l'on trouve quelque chose.

Ensuite, il y a les enquêteurs de la section de recherches de Grenoble. Eux interrogent et cherchent des réponses. Plus largement, ils font ce que leur demandent les trois magistrats instructeurs ; lesquels conduisent l'enquête sur la disparition de notre fille, décident de mener telle audition, de faire telle recherche.

En tant que procureur de la République, Jean-Yves Coquillat doit protéger la société des individus dangereux et requérir qu'on les mette hors d'état de nuire. C'est lui qui a demandé la mise en examen pour enlèvement et séquestration, puis pour meurtre. Il a le privilège de pouvoir s'exprimer devant la presse.

Moi qui ai arrêté mes études après le lycée pour travailler à l'usine (avant de devenir infirmière), j'ai depuis tout appris du système judiciaire. Sur le tas. J'ai ainsi découvert et compris que même celui qui semble le plus nuisible a le droit d'être défendu, que c'est la loi – même si la loi est parfois difficile à entendre pour les victimes. Maître Jakubowicz est donc présent lui aussi.

Enfin, il y a celui qui a rassemblé tout ce beau monde, celui qui tient le premier rôle de cette mauvaise pièce. L'« Autre ». Depuis mon canapé, je ne peux m'empêcher de penser qu'en ce jour, c'est lui qui mène la danse, c'est lui qui décide du timing : *Je dis quand on la retrouve et où on la retrouve.* Ça m'écœure.

Je me demande aussi : pourquoi aujourd'hui ? S'agit-il d'un hasard ? Nous rendre Maëlys un 14 février ? Dans ma tête, le choc du calendrier avec la Saint-Valentin ressemble à un conte. Un gros méchant ogre a emporté ma fille loin de nous, l'a mâchouillée des semaines et des semaines, qui sont devenues des mois, et l'a finalement recrachée, pleine de salive et méconnaissable, *tiens, prends ça*, le jour de l'amour. Bien entendu, Joachim et moi n'avons rien prévu en ce jour. De toute façon, tous les deux ne faisons plus rien depuis le 27 août. Pour autant, est-il juste de condamner toutes les Saint-Valentin à venir à porter notre peine ?

Nous sommes le mercredi 14 février 2018. Nous devrions être en train d'hésiter entre le restaurant et un dîner à la maison. *Est-ce qu'on convie les filles ?* je m'interrogerais à peine. Oui, évidemment. Le clan à quatre. Toujours le clan à quatre.

— Tu préfères dîner dehors ou chez nous ? je demanderais à mon compagnon par SMS.

Colleen aurait lu le message par-dessus mon épaule et m'aurait suppliée :

— Oh oui, un dîner à la maison ! On peut faire des escargots, s'te plaît Maman ?

Elle aurait eu raison ; un dîner à la maison, c'est bien. Inutile d'aller au resto, on a tout ce qu'il nous faut ici.

À la table de la salle à manger, penchée sur sa feuille, Maëlys devrait être en train de dessiner soigneusement, les doigts pleins de taches de feutre.

— Tu regardes pas, Maman… c'est une surprise, me lancerait-elle avec toute sa malice.

Une demi-heure plus tard, elle tendrait une carte avec un gros cœur rouge dessus et, écrit en lettres attachées, *Bonne Saint-Valentin*, écrit à la Maëlys, c'est-à-dire avec plein de fautes.

Je lui dirais pour la taquiner :

— Mais la Saint-Valentin, c'est pour les amoureux ! Mon amoureux à moi c'est Papa, pas mes enfants.

Elle se mettrait debout sur la chaise, sauterait doucement dans mes bras, ses jambes autour de moi pour que je la porte. Elle mettrait ses bras autour de mon cou. Alors, elle me regarderait et déclarerait :

— Oui, mais moi aussi, je t'aime.

C'est ainsi que cette journée devrait avancer.

*

Le téléphone me sort de ma rêverie. La matinée a été pesante. J'ai mal à la tête tellement j'ai fixé l'écran sur BFM et écouté en boucle leurs actualités. Au point que j'en viens à penser avec le phrasé particulier des journalistes de télévision, vous savez, cette façon de s'exprimer très saccadée avec des pauses au beau milieu d'une phrase. Je peux vous dire que c'est désagréable !

Tout début de l'après-midi. Je ne lâche plus mon portable. Ça sonne. C'est l'enquêteur. Qui, depuis toujours, nous appelle et nous informe le plus. Je l'ai eu si souvent au téléphone depuis la fin août que je peux sentir au premier mot son état d'esprit. Une compétence que ma mère a à mon égard.

Dès les premiers mots, je le sens contrarié.

— Je voulais vous tenir au courant, j'avais promis de vous appeler. Pour le moment, on tourne en rond et on ne trouve rien. Lelandais ne se rappelle plus très bien. Il dit qu'il n'a plus trop de souvenirs des lieux. Et comme il y a de la neige partout, le terrain est difficile à pratiquer.

Le gendarme explique que le convoi s'est d'abord arrêté près du domicile du suspect, plus exactement sur un terrain en contrebas de sa maison, et qu'ils sont maintenant au niveau de la commune de Saint-Franc, à une dizaine de kilomètres de Domessin, « si vous voyez à peu près ».

Bien sûr que je vois. Je comprends tout de suite où ils se trouvent. Dans les gorges de Chailles. Dès le départ, les gendarmes s'y étaient rendus pour chercher ma fille. Le peloton de haute montagne y avait même passé plusieurs jours, la presse locale rapportant qu'ils exploraient là-bas parce qu'il s'agit d'un endroit très escarpé, dangereux quand on n'a pas l'habitude et donc parfait si on a quelque chose à y cacher. L'« Autre » a conduit les enquêteurs précisément là où on cherche ma fille depuis le début.

— Voilà… je suis désolé de ne pas avoir plus à vous dire. Je vous rappelle lorsque j'ai du nouveau. Je sais que c'est long… Tenez le coup.

Le jeune homme a l'air aussi abattu que nous.

*

— Non mais c'est une blague !

J'ai à peine raccroché que Colleen entre dans le salon. En cette journée si particulière, elle n'est pas beaucoup avec nous, faisant des allers-retours entre sa chambre et le canapé, refusant de regarder la télévision. « Si c'est pour écouter les conneries des journalistes. »

— La goutte de sang dans le coffre… vous le saviez ?

Elle agite son téléphone en l'air. L'info est parue dans la presse. Je bredouille quelque chose mais rien de très clair ne sort de ma bouche.

— D'accord, j'ai compris. Si je ne fais plus partie de cette famille, surtout faites-le-moi savoir, hein.

Ma fille quitte la pièce, exaspérée.

Quand elle est rentrée du collège le vendredi précédent, nous ne lui avons rien rapporté de notre rendez-vous de la veille chez la juge. Une décision prise avec Joachim. Je pourrais lui expliquer que nous avions ordre de n'en parler à personne, qu'on ne pouvait pas prendre le risque que l'information se répande, mais comme j'ai toute confiance en Colleen, en sa discrétion, en sa capacité à garder pour elle une telle confidence – elle va avoir treize ans mais, cette année, elle a grandi d'un coup –, il s'agirait d'une bonne excuse mais pas de la vérité.

Nous sommes perdus. Parfois, nous parlons beaucoup de l'enquête et c'est trop pour Colleen qui nous demande de nous taire, préférant que l'on passe à autre chose. Mais si nous omettons un élément, qu'elle l'apprend dans la presse, elle se sent mise de côté et nous le reproche.

En fait, nous avons sûrement manqué de courage. N'étant pas capable de parler à Joachim parce que je ne supporte pas d'être celle qui fait disparaître l'espoir en lui, comment aurais-je pu assumer de voir s'éteindre la flamme dans les yeux de ma fille ? Comment annoncer à Colleen qu'une goutte de sang a été découverte dans le coffre du suspect et que sa sœur ne reviendra pas ?

Je bredouille parce que je n'ai rien à opposer à sa colère. Elle a raison d'être furieuse. Tout ce qui arrive est injuste.

*

Je me lève du canapé. Je fais quelques pas. La journée est longue. Je regarde au loin par la porte-fenêtre. La forêt, les sapins. Le ciel est tout blanc. Il doit faire si froid dehors. *Où es-tu, Maëlys ?*

Sonnerie du téléphone. Je me précipite. Bouton vert sur l'écran.

— Allô ?

— Madame Cleyet-Marrel… je ne suis pas sûre qu'on la retrouve aujourd'hui. Il nous dit que c'est là mais les chiens ne détectent rien. La zone est grande mais… je ne sais pas… Il nous balade peut-être depuis le début.

Il est 16 heures. Le jour décline peu à peu. Si la nuit tombe, ce sera fichu pour aujourd'hui. Je ne sais combien de temps je peux tenir dans cette attente.

Par la fenêtre, je vois les reporters qui arrivent. Ils s'installent devant chez nous comme devant un ministère ou une attraction de fête foraine. Maëlys adorait les manèges mais sûrement pas faire l'objet d'autant d'attention. Devant le portail, toujours la même chose : il y a ceux qui posent leurs trépieds et ajustent les réglages de leurs caméras ; ceux qui répètent leur texte à voix haute avant le prochain direct. Que peuvent-ils bien dire ? *Nous sommes devant le domicile des parents, on ne voit rien on n'entend rien mais on est là donc on vous dit qu'on est là* ? J'ai l'impression d'être une bête de foire. La situation n'est-elle pas déjà assez difficile ? Se rendent-ils compte à quel point ils aggravent notre détresse ? Comprennent-ils que l'on puisse avoir envie d'être tranquilles ?

Le temps s'étire encore un peu. Encore quelques dizaines de minutes dans le brouhaha des journalistes dehors et de la télévision à l'intérieur. Plus que quelques mètres, et ce sera la fin. Ça ressemble à la sonnerie d'un téléphone mais je sais qu'il s'agit de tout autre chose. Sur l'écran du portable, un numéro que je ne connais pas apparaît. Tout s'arrête. Ma main tremble. Je peine à décrocher.

— Allô ? Madame Cleyet-Marrel ?

Je sais de qui il s'agit. C'est la voix de la mort. La juge. Celle de la goutte de sang dans le coffre. Je pense à ses traits tirés, qui annoncent depuis trop longtemps les décès. Je me revois hurler sous la douche. Ça y est : il est temps de cesser d'attendre. Mais maintenant que j'y suis, je ne veux pas arrêter. Je veux qu'on m'accorde encore une minute, puis une autre et encore une autre dans le monde insupportable de l'espoir, aussi infime soit-il.

Laissez-moi une seconde encore ignorer que Maëlys a cessé d'être en vie !

— Nous l'avons retrouvée. Il va falloir faire des analyses bien sûr, mais nos chiens ont découvert des ossements qui pourraient correspondre à ceux de votre fille. Juste à côté, il y avait une petite sandale blanche.

D'un coup, le nœud qui s'était formé dans les profondeurs de mon ventre le 27 août se dénoue. Mon corps lâche prise. La tristesse m'enlace entièrement.

*

La première réaction de Colleen est la colère. Elle quitte la pièce en donnant des coups de pied dans les portes, fait claquer celle de la salle de bains et s'y enferme. Ma fille part cacher son désespoir naissant au même endroit que moi, une semaine plus tôt.

Que faire quand la vie nous anéantit, quand il n'y a plus de raison de se battre et que le courage nous quitte ? Mon premier geste est purement instinctif.

— Allô, Maman…

Je redeviens une petite fille. Inconsolable. À bientôt quarante ans, je n'ai jamais autant eu besoin de ma mère depuis l'adolescence. *C'est terminé, Maman. Je ne reverrai plus jamais Maëlys.*

Les pleurs déforment mon visage. Il se décompose et mes traits se défont. Je suis laide de chagrin. Mes longs cheveux collent à mes joues. Je gueule la tristesse à ma mère comme un chien abandonné.

Colleen revient et s'arrête à la porte du salon le visage fermé et sombre, elle reste quelques secondes comme figée. Puis lentement, comme pour intégrer l'horreur de la réalité, elle nous dit :

— Je suis toute seule maintenant.

Joachim, dont je n'ai pas vu l'expression tant je me suis enfermée dans mon malheur, s'approche, passe un bras autour d'elle avec une extrême douceur et l'attire contre lui. Et, tous deux viennent à moi et me font une place dans le cercle d'amour que mon mari a su créer en un instant.

— On va essayer d'être forts, dit-il.

Lui aussi, il pleure.

Dans le salon, trois corps se serrent les uns contre les autres. Voilà ce qu'il reste du clan à quatre. Il n'y a que nous. Ce ne sera plus jamais suffisant.

12

14 février 2018

Extrait de la conférence de presse de Jean-Yves Coquillat, procureur de la République de Grenoble

« Mes premiers mots ce soir seront pour les parents de Maëlys. Jusqu'à présent, ils étaient dans la pire des situations, dans l'ignorance de ce qu'était devenue leur enfant. Ce soir, ils ne sont plus dans l'ignorance. Ce soir, ils savent que leur fille est morte, qu'elle a été tuée et, il y a quelques minutes, nous venons de leur apprendre que nous avons découvert les restes de l'enfant.

« C'est donc à eux que je pense en commençant cette conférence de presse et je vous prie, comme vous l'avez fait depuis le début de cette affaire, de respecter la douleur de ces personnes et de ne pas les accabler davantage. [...]

« Nordahl Lelandais a demandé, par l'intermédiaire de son avocat, aux juges d'instruction de l'entendre aujourd'hui car il avait des révélations à faire et il voulait conduire la justice, disait-il, à l'endroit où il avait déposé le corps de Maëlys. Il a donc été extrait ce matin et une audition a eu lieu.

« Au cours de cette audition, Nordahl Lelandais a indiqué qu'il avait tué Maëlys involontairement – c'est son terme, involontairement – et qu'il s'était débarrassé du corps. Il a d'ailleurs présenté ses excuses aux parents de Maëlys, à Maëlys elle-même et aux juges.

« Nordahl Lelandais a indiqué qu'après avoir emmené l'enfant et l'avoir tuée involontairement d'après lui, il l'avait déposée dans un endroit à proximité de sa maison et qu'il était retourné au mariage. Il était ensuite revenu, il avait récupéré le corps, l'avait emmené et déposé dans la forêt, dans un lieu montagneux, en l'espèce dans le massif de la Chartreuse.

« Nordahl Lelandais a refusé de s'expliquer pour l'instant sur la façon dont cette mort, involontaire selon lui, avait eu lieu. Il a indiqué qu'il souhaitait d'abord que le corps de Maëlys soit retrouvé et qu'il s'expliquerait ultérieurement.

« Après cette audition qui a été assez rapide, les juges d'instruction ont décidé de se transporter avec Nordahl Lelandais, ses avocats et mon parquet, sur les lieux qui étaient indiqués par Nordahl Lelandais. Il nous a emmenés près du domicile de ses parents, où dit-il, il a déposé le corps de Maëlys après la mort de celle-ci. Il est ensuite revenu chercher le corps après être repassé au mariage. Il a mis le corps dans son coffre et il est ensuite allé le déposer dans la montagne, dans un endroit où il y a de la forêt, une espèce de petit ravin, un endroit qui est extrêmement reculé. Il nous a fallu la journée pour qu'il retrouve l'endroit où il a indiqué s'être débarrassé du corps.

« Les recherches étaient rendues très difficiles par la neige qui est tombée cette nuit. Il a fallu faire déneiger la route permettant d'y accéder. Les juges sont montés à pied. Les constatations ont été extrêmement difficiles.

« Lelandais a, à plusieurs reprises, estimé que c'était cet endroit-là. Il a demandé à revenir sur les lieux, il a confirmé que c'était ça et il a donné des détails.

« Les gendarmes avec des chiens spéciaux, qui sont des chiens de restes humains – c'est le terme – sont arrivés ce soir, malgré la neige, car cette neige ne facilite ni les recherches ni le travail des chiens. Et les chiens ont permis de découvrir il y a quelques minutes un crâne d'enfant et un os long, je ne sais pas encore lequel.

« Voilà la situation ce soir. Nous savons donc que Maëlys est morte, qu'elle a été tuée par Nordahl Lelandais de façon involontaire, qu'il a dissimulé son corps, qu'il l'a emporté et voilà ce que je peux dire.

« Naturellement, l'instruction va se poursuivre. Il faudra déterminer les conditions de la mort et répondre à un certain nombre de questions qui restent posées.

14 février 2018

«Je rajouterai que ça a été une journée dense, une journée éprouvante et émouvante pour tout le monde, les juges d'instruction, les enquêteurs qui depuis le début de cette affaire ne ménagent pas leurs efforts... Les conditions atmosphériques ne nous ont pas facilité la tâche.

«Mais aujourd'hui nous pouvons apporter une réponse, hélas une triste réponse, aux parents. J'avais dit dès le début de cette affaire que je souhaitais que nous puissions dire aux parents ce qu'était devenue leur fille et où elle était pour qu'ils puissent l'inhumer, cette tâche-là est accomplie.

«Il nous reste maintenant à continuer l'instruction, à poursuivre et à faire juger l'auteur. Lequel bénéficie toujours, malgré ses aveux, de la présomption d'innocence.»

13

Les chiens

Maëlys avait deux obsessions. D'abord les chapeaux. Qu'elle aimait. Tous. Lors d'une randonnée de douze kilomètres à laquelle nous étions inscrites toutes deux, elle était venue avec son chapeau de cow-boy, elle avait marché gaiement jusqu'au bout sans jamais le retirer.

L'autre source de joie pour elle était les chiens. Elle était convaincue que les humains qui avaient fait le choix d'en avoir un possédaient forcément une part de bonté supérieure aux autres. Une idée que je ne partageais pas tout à fait à l'époque et encore moins aujourd'hui, évidemment. En revanche, j'ai toujours eu l'impression que les animaux apportaient de la sincérité à notre foyer, et contribuaient même à son équilibre général. Les chiens, contrairement aux hommes et aux femmes, ne trichent jamais.

La journée du retour dans le Jura sans Maëlys, nous avons fait un bref détour pour récupérer nos trois chiens en pension dans les environs. Comme d'habitude lorsque nous partions quelques jours.

Joachim, Colleen et moi avons été si contents de les retrouver, eux tout excités de nous voir, sautant autour de nous et sur nous, manifestant une tendresse d'une consolation infinie. Ressentaient-ils la compassion dont nous avions besoin? Parfois, les chiens peuvent être plus humains que les hommes.

Tandis qu'accroupis nous les cajolions, le responsable de la pension osa cette phrase étrange :

— Vous auriez dû les emmener, ils l'auraient peut-être retrouvée…

Un propos pour le moins maladroit face à des parents dont l'enfant a disparu depuis un mois, mais ce n'est pas ce que j'ai pensé sur le moment. Je me suis dit que le destin de Maëlys avait toujours été lié aux animaux, aux chiens en particulier, et qu'il y avait là une part de vérité.

À la maison, j'ai un nombre improbable de photos de chiens portant des chapeaux. C'était souvent Lady, notre colley, qui posait pour ma fille. Avec son long museau et un bonnet de Noël posé nonchalamment sur le crâne, elle ressemble presque à une dame.

Maëlys

Dans le malheur qui s'abat sur nous ce soir, une logique m'apporte presque du réconfort. L'histoire se termine avec des chiens. Avec Maëlys, tout est toujours une histoire de chiens.

14

Pleurer dans les chaumières

Un haut-le-cœur me gagne. Dans quel état ma fille a-t-elle été laissée… En moi, la colère gronde. Quelque chose dans les profondeurs de mon ventre pousse à vitesse grand V : la haine. La haine qui prend racine. Avec une pensée qui grimpe, s'étend, s'étire, envahit tout. Je le hais. Je le hais si fort. Je hais ce qu'on a fait à ma fille. Je hais qu'elle ait été abandonnée au milieu de rien, toute seule, comme un vulgaire déchet. La haine à l'état pur, ou plutôt impur. Et je hais ce qu'on nous impose.

Le choix des mots utilisés exacerbe ma haine. «Les restes». Le terme sonne comme de la nourriture ou évoque la peau d'un animal mort dont on ne sait que faire après en avoir ôté la viande. «Les restes.» L'image même me dégoûte, me révulse. «On a retrouvé un crâne d'enfant et un os, je ne sais pas encore lequel.» La malice, la joie, la pudeur de ma fille réduites à un vocabulaire anatomique.

Il y a «déposer» aussi. «Nordahl Lelandais avait déposé le corps.» Un verbe trop doux. Moi, je dépose un baiser sur la joue de ma fille. Joachim et moi déposons nos enfants à l'école. Mais personne ne «dépose» le corps sans vie d'une fillette en pleine forêt, l'expression est impropre et me révolte.

Je hais tous les mots employés ce soir. C'est pour cela que va germer en moi le besoin d'écrire l'histoire, afin de recourir au vocabulaire exact, approprié. Maëlys n'a rien à voir avec ce qu'on a dit d'elle et la façon dont on le dit ce sinistre soir-là.

*

Dans la soirée, Fabien Rajon fait savoir aux médias que nous ne ferons aucune déclaration aujourd'hui. Car il n'y a pas de mots qui conviennent ce soir; aucun mot tout court. Il n'y a que le manque et la peine.

Ce n'est malheureusement pas l'avis de toutes les parties du dossier.

À la télévision, Alain Jakubowicz commence à parler.

Je n'avais pas prévu de m'exprimer aujourd'hui, déclare-t-il. *Je le fais parce que les circonstances me l'imposent et comme vous l'observez, il y a là plus qu'un symbole, je souhaite le faire debout, comme le fait un avocat.*

J'espérais que l'« Autre » allait faire profil bas.

Je viens d'apprendre, après cette journée qui – je vous prie de le croire – a été éprouvante, douloureuse, que, sur les indications de Nordahl Lelandais, on a retrouvé le corps de cette petite fille, Maëlys. Évidemment, on ne peut ce soir qu'avoir une pensée pour elle et pour ses parents.

Mon téléphone sonne.

Depuis le début de ce dossier dans lequel j'ai, comme avocat, et je le comprends à titre personnel, été malmené parce que nos concitoyens, hélas, ne comprennent pas toujours le rôle d'un avocat, j'ai toujours dit et je dis à nouveau que, pour l'avocat que je suis et pour la défense que nous assurons, il n'y avait que le dossier, tout le dossier, rien que le dossier.

— Tu peux baisser un peu le son, Colleen, s'il te plaît ? Allô…

C'est l'enquêteur.

— Je voulais vous appeler une dernière fois aujourd'hui, d'abord pour vous dire que je pensais bien à vous deux ainsi qu'à Colleen. C'était difficile pour nous tous, alors je n'ose imaginer pour vous… Je veux aussi vous parler de la suite…

Et le dossier n'est plus le même.

Je n'entends rien. Les chiens gueulent de toutes leurs forces.

— Attendez une seconde, lieutenant. Joachim, qu'est-ce qu'il se passe ?

— Ils sont entrés, je crois.

Vous savez, le rôle d'un avocat n'est pas seulement d'obtenir les aveux de son client, mais le rôle d'un avocat est aussi d'accompagner son client lorsque nous sommes dans la recherche de la vérité. C'est ce que j'ai fait depuis le début.

— À croire qu'il veut une médaille, dis-je en direction des lunettes à monture noire qui occupent l'écran, avant de tourner la tête et de me rapprocher de la baie vitrée.

Là, je crois halluciner… Cinq ou six reporters, caméras et micros à la main, sans gêne ni retenue, éducation ou simple compassion, franchissent la barrière et pénètrent dans le jardin. À l'intérieur, les chiens aboient de concert sans s'arrêter, en regardant dans leur direction.

Il faut croire que le moment n'était pas venu pour lui de parler, et c'est vrai que je dois rendre hommage à cet égard à l'instruction qui a été menée, aux services d'enquête que j'ai – c'est vrai – malmenés à certains égards et je ne le regrette pas.

— Ils sont chez nous, lieutenant. Les journalistes. Il y en a qui sont entrés. Les chiens sont tout énervés. C'est pour ça que je ne vous entends pas bien. Vous me disiez, pour la suite…

Les juges d'instruction, et je leur en sais gré, ont immédiatement mis en œuvre les moyens qui étaient nécessaires pour entendre Nordahl Lelandais dès ce jour.

— Mais pourquoi ils font ça? Ils croient qu'on n'a pas assez de choses à gérer aujourd'hui? s'énerve Joachim.

— Lâchez vos chiens dehors, conseille le gendarme au bout du fil. Je vais vous envoyer une patrouille.

Joachim ouvre la porte-fenêtre d'un coup. Il laisse sortir Lady, Laska et Joyce qui, moins par méchanceté que par curiosité, ne demandaient qu'à aller voir ces inconnus fraîchement débarqués.

— Laissez-nous tranquilles, on ne veut pas vous parler ! leur lance-t-il avant de baisser le volet.

Je ne comprends pas ce que ces intrus veulent ! Nous voir pleurer ? Parce que ça passerait bien à l'image ? Je suis triste, écœurée, je passe mon temps au téléphone, à regarder la télé ou à chasser les imbéciles qui entrent chez nous alors que je n'aspire qu'à deux choses : savoir quand je pourrai récupérer le corps de ma fille et pleurer sa mort. Comment se permettent-ils ? Comment osent-ils ?

Nordahl Lelandais, comme monsieur le procureur de la République vous l'a dit il y a quelques instants, a été entendu ce matin, brièvement.

Visiblement, certains ont décidé pour nous que le programme serait différent.

Je confirme ce qu'il vous a dit, à savoir que Nordahl Lelandais… un Nordahl Lelandais… je ne chercherai pas à faire pleurer dans les chaumières, je n'y arriverais pas et je le comprends parfaitement… qui était totalement anéanti, qui effectivement était en pleurs, qui a tout de suite parlé à et de Maëlys, et de ses parents.

— Mais il veut qu'on le plaigne ou quoi ? ne puis-je m'empêcher de penser, perturbée par tout, par notre douleur, notre drame, le fait qu'on pénètre chez nous sans le moindre égard. Les journalistes qui entrent, allez-y, c'est la fête ! Vous gênez pas ! Tout le monde est en roue libre ou quoi, ce soir ?

Une fureur me gagne, désarroi puissance dix mille.

Évidemment dans ces moments de vérité, il y a aussi une sorte de moment, pardon d'employer ce terme, de rédemption.

La rédemption, l'acte de se racheter moralement par l'expiation de ses fautes. Le terme me percute et choque, en ce jour. Les mots volent à tort et à travers et j'ai envie que tout cesse.

Et je vais vous dire, avec l'expérience qui est la mienne : ce n'est pas toujours facile de dire la vérité, mais c'est toujours libérateur. Et Nordahl Lelandais l'a dite avec ce que je considère, moi – subjectivement bien sûr puisque je suis son avocat et que je le côtoie depuis des mois–, comme du fond du cœur la réalité de ce qu'il ressentait à ce moment-là.

Cette fois, ma colère sort. Comment peut-il parler ainsi le jour où l'on retrouve le cadavre de ma fille ? Nos logiques ne sont pas les mêmes, nos émotions et nos intérêts non plus, mais est-il nécessaire de s'exprimer ainsi ?

L'enquête doit se poursuivre. Nordahl Lelandais aura à répondre à de nombreuses questions. Il sera entendu prochainement sur les circonstances dans lesquelles cette mort est intervenue. J'ai la conviction qu'il y contribuera pleinement.

Toujours au bout du fil, le gendarme intervient et me rassure doucement :

— Je viendrai vous voir demain. Il faudra encore être patients, car les tests ADN prendront un peu de temps. Je vous expliquerai tout. Essayez de vous reposer.

Nordahl Lelandais est un homme qui fait partie de notre communauté, celle des humains. Et c'est le rôle d'un avocat que d'être à ses côtés.

Je raccroche le téléphone et j'éteins la télé.

Bienveillants ou monstrueux. Cette communauté des humains est faite d'hommes bien différents.

15

Le dernier mot

À 23 h 25, je poste un message sur Facebook, comme on jette une bouteille à la mer.

Il aura fallu attendre cinq mois et demi pour que ce monstre parle enfin. Maëlys va te hanter nuit et jour dans ta prison jusqu'à ce que tu crèves et que tu ailles en enfer.

Maëlys avait la vie devant elle, tu nous l'as arrachée. On ne la verra plus jamais. À cause de toi, je ne pourrai plus la serrer dans mes bras.

Mon petit ange, je n'ai pas pu te protéger de ce prédateur et cette culpabilité me poursuivra encore très longtemps.

Maëlys, je suis si fière de toi, mon poussin, tu es si belle, si souriante, tu es ma merveille, mon rayon de soleil, tu seras toujours dans mon cœur. Ce monstre ne fera plus de mal à personne maintenant…

Le dernier mot

Que justice soit faite et que plus jamais un enfant ne subisse de tels actes. Tu nous manques tellement. Ton combat, on le mènera jusqu'au bout, ma princesse.

16

Dire au revoir

Je me réveille sans attendre l'alarme du téléphone. Il est tôt. Quelques rayons de soleil percent à travers les volets. Il fera beau aujourd'hui. Chaud et sec. Un temps typique de début juin en Isère. De l'autre côté du lit, Joachim dort encore. Je l'observe. Il paraît plus apaisé dans le sommeil. Quand il est éveillé, des cernes jaunâtres creusent son regard ; il a le pas lourd et la démarche écrasée de celui qui porte le deuil sur ses épaules depuis trop longtemps. En lui s'est installée une souffrance muette à laquelle je ne crois pas avoir vraiment accès.

Il est un peu étrange de se retrouver à nouveau dans cette chambre, chez mes parents, pièce où notre inquiétude a grandi durant un mois après le mariage, et la disparition de notre fille. Rester ici n'était pas un choix, en vérité : dormir et habiter là en attendant le retour de Maëlys relevait du pratique ou, aujourd'hui, de la décision logique, ne serait-ce que d'un point de vue géographique.

Mais cet espace que je connais bien était et reste une sorte de sas.

Dans un sous-marin, le sas est une chambre hermétique qui sépare deux millieux de pressions différentes et qu'on appelle le compartiment refuge. L'expression me convient. En cas d'urgence, ou du moins de nécessité de quitter le navire, le sous-marinier s'y rend. Il revêt une combinaison étanche et pénètre dans le sas qui se remplit d'eau petit à petit afin d'équilibrer la pression entre l'intérieur et l'extérieur. Si le protocole n'est pas respecté à la lettre, celui appelé à sortir s'expose à des risques de surpression des oreilles ou des poumons et, dans le pire des cas, à la mort. La comparaison s'impose, la similitude me marque : la maison de mes parents est un compartiment refuge dont la chambre serait le sas. Un sas avant de repartir sans Maëlys dans le Jura, fin septembre. Un sas pour accepter d'entrer dans une vie dont elle sera à jamais absente.

Je me lève immédiatement. Aucune envie de traîner tant j'ai besoin de temps pour moi avant de démarrer cette longue journée. Se préparer calmement et en silence. Parce que aujourd'hui, je vais devoir dire adieu à Maëlys.

*

Le lendemain du 14 février et de la découverte du corps de notre fille dans le massif de la Chartreuse, c'est chez mes parents que nous sommes venus. Était-ce par nécessité d'approcher l'amour originel ? Avais-je besoin de coller ma faiblesse à la force de ma sœur et à la détermination de ma nièce ? Était-ce, là encore, la nécessité du sas de décompression ?

Joachim, Colleen et moi sommes partis tôt dans la matinée. Avant de quitter Mignovillard, j'ai rempli une valise et appelé les gendarmes. La veille, une patrouille de la commune de Nozeroy avait été envoyée par l'enquêteur pour surveiller les journalistes faisant le pied de grue devant la maison afin qu'aucun ne s'avise plus de pénétrer dans notre propriété. Comme l'un des pandores avait suggéré de les prévenir avant de prendre la route vers Les Abrets, j'avais obéi.

— On vous escortera un petit moment. Ça les dissuadera de vous suivre et vous serez plus tranquilles, avait-il dit.

Au moment de quitter la maison, les caméras étaient toujours là. Plusieurs s'étaient mises à tourner. Je les avais regardées faire, aussi blasée qu'atterrée : où était l'intérêt de nous filmer sortant de chez nous ? Qu'est-ce que cela disait ? Qu'allaient-ils faire de cette séquence ? De quel commentaire s'accompagnerait-elle ? Cela me dépassait. Je savais qu'ils faisaient leur travail, mais c'est un travail dont je ne percevais en rien la pertinence et que je ne comprends toujours pas vraiment – Colleen encore moins.

Quand nous arrivons aux Abrets, notre jeune enquêteur se trouve déjà devant la maison. Si la juge d'instruction m'exaspère – la voir rend tout plus pénible ; je n'ai rien contre elle, je sais qu'elle aussi fait son travail –, le lieutenant, lui, parvient à m'apporter du réconfort. Il n'a jamais failli à sa tâche, a toujours su nous informer, nous appelant plusieurs fois par semaine ou par jour quand c'était nécessaire. Visage fil rouge de l'enquête, jamais il ne nous a regardés avec pitié et dédain quand nous lui demandions de vérifier les prédictions d'obscurs voyants ou les vidéos où figuraient de prétendues Maëlys. Jamais il ne nous a rembarrés, dit qu'il avait mieux à faire, suggéré de baisser les bras. Et s'il a lui-même été tenté d'abandonner, si certains soirs il a forcément perdu courage, jamais il ne nous l'a fait sentir. Je suis très reconnaissante d'avoir eu cet homme-là, à la fois solide et sensible, auprès de nous.

— Bonjour, lieutenant.

— Bonjour, comment allez-vous ce matin ?

J'embrasse ma mère qui nous attend. La douceur avec laquelle elle m'enlace me donne envie de fondre dans ses bras.

— Vous voulez un café ? demande-t-elle, les yeux brillant de larmes, sans que l'on sache à qui s'adresse la question.

Tout le monde est pour une tasse : chez nous, le café est un plaisir autant qu'un soutien. Une manière de dire *je t'aime et je suis là pour toi* quand les mots manquent.

Ma mère retourne à la cuisine et revient avec un plateau plein de porcelaine.

— Je voulais vous voir pour vous expliquer comment ça allait se passer maintenant, commence le gendarme.

Il s'exprime délicatement, usant d'un ton qui contraste avec les termes froids et techniques employés. Les mots, toujours les mots. *Autopsie. ADN. Légiste.*

— Quand est-ce qu'on va pouvoir récupérer le corps de notre fille ?

— Je l'ignore. Ce genre d'examens prend du temps. Je vous tiendrai au courant, mais il faudra être patients.

Il dit ça avec lassitude. Je pense qu'il en a assez de nous répéter de patienter bien que ce soit son rôle et que personne ne lui en tienne rigueur ici.

— L'autopsie est très importante pour l'enquête. S'il y a un examen à ne pas bâcler, c'est celui-ci. Le médecin légiste va essayer de comprendre ce qui est arrivé à votre fille. Les coups… je suis désolé de parler comme ça… les coups laissent des traces sur les os par exemple. L'autopsie, pièce clé du dossier, sera importante pour le procès. Vous savez, les corps parlent souvent davantage que les suspects.

L'homme explique que la dépouille de Maëlys sera à l'Institut de recherche criminelle de la gendarmerie, près de Paris, tout le temps des examens, et que lui-même nous avertira dès qu'il sera possible de la récupérer pour préparer les obsèques.

Moi qui espérais pouvoir être auprès de ma fille plus vite, je suis déçue. Et dans cette déception, je me sens ignare tant j'avais en tête de la retrouver dans les jours qui viennent. Un peu bête, même. Mais se juger ne sert à rien. Comment aurais-je pu savoir ?

Il neige ce jour-là. Je l'ignore à cet instant mais en vérité, je ne suis pas du tout prête à recevoir le corps de Maëlys et à lui faire mes adieux. Vous me direz, est-on jamais prêt à accompagner ceux qu'on aime plus que tout pour cet ultime et terrible voyage ? En tout cas, j'avais besoin de bien plus d'un jour, de bien davantage qu'une semaine pour me préparer à de telles funérailles.

Par la fenêtre du salon, j'aperçois les flocons qui tombent au sol. Le temps de voir l'hiver quitter la terre une fois de plus et le printemps s'installer à la place, de découvrir la neige remplacée par la pluie, le blanc des sapins recouvert par le vert de la forêt, les bourgeons qui apparaissent sur les branches des arbres et la pluie remplacée encore une fois, mais par le soleil. Une nouvelle saison dans le silence, la solitude et l'attente. La nature prend du temps à se transformer, le deuil aussi à s'installer.

Et un jour, sans crier gare, le printemps vous enveloppe et on annonce l'autopsie terminée.

*

Ce matin, deux hommes en noir prennent tôt la route. L'un n'a pas très bien dormi peut-être, alors l'autre propose de conduire. Ils partent de Bourgoin-Jallieu, empruntent l'A43 jusqu'à Saint-Quentin-Fallavier. Tous les deux pensent la même chose : *C'est là qu'est le type qui a fait ça.* Mais personne ne moufte. Le véhicule bifurque sur l'A432 pour contourner Lyon. À cette heure, mieux vaut éviter la ville. Traverser la Bourgogne sans s'arrêter. Tracer. Merde, ça bouchonne au niveau de Melun. Ils aimeraient déjà être sur le chemin du retour. Ont-ils vraiment choisi ce travail? Comme plein d'autres, ils répondraient sûrement être venus à cette activité un peu par hasard. Le destin. Mais maintenant, ça va, ils sont habitués. Leur tâche est toujours délicate : transporter les morts et voir les proches tristes n'est jamais facile. Mais une gamine, c'est encore autre chose. Aller jusqu'à Paris chercher le corps d'une petite fille victime d'un meurtre n'a rien à voir. Maëlys, ils ont tellement entendu son nom qu'ils ont l'impression de la connaître, qu'elle est quelqu'un de la famille.

*

Maëlys arrive à La Tour-du-Pin un mercredi après-midi, ramenée par un camion des pompes funèbres.

Pourquoi en Isère et pas chez nous, dans le Jura ? Parce que je veux qu'elle repose en paix. Si l'expression est utilisée à tort et à travers même sur les réseaux sociaux maintenant avec RIP, *rest in peace* posté pour chaque mort, célèbre ou non – moi, je pèse mes mots : je souhaite littéralement du repos à ma fille. Je crois qu'elle a mérité de se trouver inhumée en un lieu paisible après ce qu'elle a traversé. Or, pour elle, Mignovillard, c'était surtout l'école et ses garçons malveillants. Je pense qu'elle n'aurait pas aimé passer l'éternité auprès des enfants qui l'ont tourmentée les dernières années de sa vie. Par ailleurs, La Tour-du-Pin est le lieu où reposent ses grands-parents paternels, Joachim estime – comme moi – important qu'ils se retrouvent ensemble. Enfin, notre avocat, Fabien Rajon, est aussi le maire de la ville, dernier détail qui n'a pas déterminé notre choix mais qui appartient au faisceau de raisons rendant le tout cohérent : Maëlys reposera en paix à La Tour-du-Pin.

Le corbillard est garé devant la maison funéraire. Deux hommes nous accueillent avec beaucoup de gentillesse. Ils connaissent notre histoire, mais, par bienséance, n'en font aucune mention. L'un désigne la chambre dans laquelle ils ont installé notre fille.

J'entre dans la pièce la première, chambre assez grande et impersonnelle, avec des chaises en bois alignées le long des murs. Au milieu, le petit cercueil blanc que nous avons choisi.

C'est elle. Maëlys. Un immense soulagement me gagne. Même le cercueil fermé, je retrouve ma fille. Enfin.

*

Quelques jours avant le séjour au Portugal, il avait fallu se rendre dans des magasins. Avec une Colleen ravie – elle a toujours pratiqué cette activité avec passion – et une Maëlys qui traînait des pieds. Perdre un après-midi de vacances dans les boutiques alors qu'on peut jouer au foot dehors, elle n'en voyait pas l'intérêt. Moi, je n'avais pas le choix. Les filles avaient beaucoup grandi et il fallait bien qu'elles aient quelque chose à se mettre sur le dos cet été. De plus, la petite avait passé l'âge de se faire habiller sans donner son avis. Je regrettais d'ailleurs beaucoup l'époque où, en maternelle, elle pouvait porter du rose, du rose et du rose – couleur que j'affectionne – sans ronchonner. Désormais, elle refusait systématiquement tout ce qu'elle classait dans la catégorie «princesse», à savoir les couleurs dites de filles, les strass, les paillettes et les petits nœuds.

Nous nous étions rendues toutes les trois dans un vaste magasin en périphérie de Pontarlier où chacune trouverait son bonheur sans qu'on ait à courir dans toutes les boutiques d'un centre commercial. À l'entrée, nous étions parties chacune de notre côté. Très vite, Maëlys m'avait rejointe au rayon femme, avec un article à la main et l'air absolument ravi. Pleins de joie, ses grands yeux bruns me regardaient tandis qu'elle déroulait l'habit contre elle : une robe sans manches à col rond, orange fluo et ornée d'une grosse tête de tigre imprimée au beau milieu. L'animal, en noir et blanc, affichait le regard sérieux et déterminé des héros qui s'apprêtent à accomplir de grandes choses, et l'air de dire que rien ni personne ne pourrait se mettre en travers de son chemin.

— Si elle te plaît, on la prend ! avais-je dit, bien qu'un peu sceptique face à un tel choix. Autant que tu mettes des vêtements qui te font plaisir.

Ensuite, Maëlys n'avait cessé de porter cette robe tigre. Au point que je peinais à trouver un créneau pour la passer en machine – elle la réclamait quasi quotidiennement. Il lui arrivait de l'enfiler avant qu'elle ait fini de sécher.

Aussi, le jour où j'ai appris que le corps de notre fille avait été retrouvé, la robe tigre m'est d'emblée apparue comme la tenue parfaite pour l'accompagner. Dans la mort, elle serait telle qu'elle aimait apparaître.

Qu'il est difficile, douloureux de choisir ce que l'on dépose dans le cercueil de son enfant. On l'a vu grandir, on en connaît les mille facettes, aussi comment résumer une vie, même courte, en quelques objets ? J'avais passé l'après-midi précédant notre départ vers l'Isère à passer en revue les souvenirs et les objets les plus significatifs pour elle.

Le football en faisait partie. L'amour de Maëlys pour ce sport est un détail ressorti dans la presse, alors qu'il était assez récent. Cette passion était née durant le championnat d'Europe de 2016. Plus la compétition avançait, plus on voyait se dessiner une finale France-Portugal, plus nos cœurs étaient partagés, nous qui suivions les rencontres. Plus nous étions excités aussi, Maëlys la première. Nous avions d'ailleurs maquillé nos joues aux couleurs des deux nations : à gauche, le drapeau français, à droite celui du Portugal. Peu importait le gagnant, il ne pouvait y avoir de mauvaise victoire ! Le chouchou de ma fille (et notre presque futur gendre) étant dans l'équipe portugaise, Maëlys gardait une légère préférence pour la *seleção das quinas*.

Le soir de la finale, le Stade de France avait connu un phénomène étrange : des milliers de papillons de nuit avaient envahi la pelouse, attirés la nuit précédente par la lumière des projecteurs restés allumés pour effectuer des tests en prévision de la grande rencontre. Pendant une action, Cristiano Ronaldo, blessé et en pleurs au sol, avait même été touché par un papillon venu se poser entre ses deux yeux, scène d'une grande poésie qui avait beaucoup plu à Maëlys. Depuis, les lépidoptères me font penser à elle.

J'avais donc choisi le maillot vert pomme du fiancé de ma fille, le numéro sept, ainsi que le ballon officiel de l'Euro 2016, souvenirs d'innombrables parties de football avec Joachim dans le jardin.

Enfin, j'avais déposé un doudou dans le cercueil. Maëlys n'étant pas le genre de petite fille à n'en avoir qu'un seul, j'étais allée voir dans son lit celles qui me «parlaient» le plus parmi ses différentes peluches. J'avais trouvé une voiture rouge du dessin animé *Cars* ainsi que Diego, le tigre de *L'Âge de glace* mais préféré un tout petit chien saint-bernard, le jouet tout doux offert par son grand-père paternel. Le symbole du chien était trop fort pour que ma petite ne parte pas avec un emblème de son animal fétiche.

Autant d'objets maintenant avec elle. À jamais. Pour toujours.

*

Il peut y avoir une étrange forme d'apaisement à se trouver dans une chambre funéraire. Pas dans l'absolu, évidemment : si vous êtes dans ce genre d'endroit, vous êtes généralement dans la peine. Mais votre présence en ce lieu signifie que votre douleur va cesser de croître : la souffrance ne pourra pas aller plus loin que les terres sombres que vous avez arpentées dernièrement.

Le moment correspond aussi à une forme de retrouvailles. Le propos pourra sembler difficile à concevoir, je le sais, mais comprenez que je me suis battue pour me lever chaque matin, j'ai lutté contre la tentation de la folie dans laquelle j'ai d'ailleurs failli tomber, j'ai bataillé en moi contre l'« Autre », le muet, afin qu'il parle et nous redonne Maëlys. Autant de combats dans lesquels j'ai tenu le coup uniquement parce que je voulais retrouver ma fille. Cet après-midi, je suis *enfin* avec elle. Cela fait presque dix mois que j'attendais ce moment et je me sens parfaitement à ma place.

Beaucoup n'auront jamais accès à cette étrange sensation, beaucoup seront mal à l'aise en mettant les pieds dans la chambre d'un mort et n'y verront aucun intérêt, estimant que la personne qui leur manque n'est pas plus ici qu'elle n'est dorénavant dans leur vie ; chambre funéraire ou non, le manque insupportable qu'ils ressentent demeure le même. Je le comprends aussi.

Du reste, je vois Joachim dans l'inconfort. Il se lève de sa chaise, sort fumer quelques minutes, revient. Se relève.

— Ça ne t'ennuie pas de rester toute seule un moment ?

Il préfère prendre l'air, il étouffe ici. Je lui souris gentiment. *Ne t'en fais pas, tout va bien.* La solitude d'attendre son enfant est vertigineuse comparée à ce que j'éprouve : *Je ne suis pas seule, Joachim, je suis avec Maëlys.*

Je regarde le petit cercueil blanc. Un instant, la haine me traverse de bas en haut, comme un frisson. Pourquoi le cercueil n'est-il pas ouvert? Pourquoi ne puis-je pas voir ma fille? Sa peau mate, son corps nerveux parce qu'elle était toujours en mouvement, la finesse de ses traits, où sont-ils? Découvrir la paix sur son visage, l'admirer une dernière fois.

Certains (des hommes, souvent) passent leur vie à s'exprimer avec la haine de ce qu'ils ont vécu auparavant. La violence générant la violence, aucun autre mode d'expression ne leur paraît valable ou ne leur est accessible. À l'inverse, j'ignorais que la colère pouvait durer bien plus que quelques minutes. Connaissant seulement celle, feinte, qu'on utilise pour gronder son enfant, j'ignorais la vraie colère. Celle que je ressens à cet instant-là et qui me déchire. Celle qui, si l'on n'y prend garde, s'empare de vous et vous confond avec elle. Je dois me débattre contre cette émotion, ce n'est pas le lieu où la décharger. Ni le moment.

Je parviens à me reprendre. Hors de question de laisser la moindre violence entrer auprès de ma fille qui ne l'a déjà que trop subie. Encore moins la mienne, celle d'une mère que la haine, à chaque instant, manque de faire vaciller.

*

Une femme s'approche de la porte à pas de loup, appuie lentement sur la poignée et passe une tête :

— Je peux me joindre à toi ?

— Bien sûr, Maman.

Ma mère s'assied près de moi, reste quelques minutes en silence, me demande comment je vais, nous discutons un peu. D'autres arrivent. Parfois, nous sommes presque nombreux dans la chambre funéraire. Les amis viennent. Les proches passent. Chacun leur tour, ils ouvrent toujours très doucement, ignorant dans quel état ils vont me trouver. Ils savent seulement que je suis là, que je serai là, inconditionnellement, toute la journée. Chaque instant, je reste assise près de Maëlys. Bien sûr, je fais l'effort de parler avec les visiteurs. Colleen apparaît, aussi, avec son père, mais tous deux ne restent jamais très longtemps.

Régulièrement, je me retrouve seule. Pour des moments rien qu'à moi, rien qu'à nous deux, que je préfère. Peut-être certains se demandent-ils ce que je fais, à quoi je pense, comment je peux attendre douze heures dans une chambre funéraire ? Ceux-là n'ont sans doute jamais attendu pour de vrai dans leur vie. Car, dans cette chambre, je n'attends plus. Je prends tout le temps que l'on m'offre et qui me reste, pour être avec ma fille. *Je te protégerai toujours des méchants.* Une promesse que je lui avais faite. *Je serai toujours là si tu as besoin de moi,* ces mots, je les lui ai dits. Pas une fois, pas deux, pas dix, des centaines de fois, j'ai assuré à ma petite que sa maman serait là. Et devinez quoi? Je n'ai pas été là. Alors j'ai besoin de lui adresser de nouveaux mots. Dans ce sas avant l'adieu, je m'adresse à elle à voix haute.

Je suis désolée. Je suis tellement désolée. Je n'ai pas été à la hauteur. J'aurais dû te surveiller davantage au mariage.

Je pleure mes promesses non tenues. Je lui en offre de nouvelles.

Je vais faire attention à ta sœur.

Jusqu'ici, je parlais beaucoup avec mes filles et je n'ai pas pu parler à celle qu'on nous a volée pendant six mois : aujourd'hui, tandis que je la sens avec moi, il faut rattraper des jours perdus, envolés, volés.

Je vais me battre pour que justice te soit rendue.

J'essaye de l'accompagner du mieux possible. Jusque dans la tombe, une maman doit accompagner son enfant. Puis je termine par cette phrase qu'elle m'a si souvent adressée :

Je t'aime de tout mon cœur.

*

Joachim dort encore. Je me lève et m'extrais lentement des draps. Le poids du chagrin. Je pense à Maëlys qui, même lorsqu'elle était harcelée par les garçons de sa classe, sautait toujours hors du lit avec enthousiasme et bonne humeur.

Avant l'été, nous avions pris rendez-vous avec sa maîtresse pour lui expliquer les conditions dans lesquelles notre fille devait continuer à aller à l'école. Des enseignants et surveillants étaient au courant depuis des mois qu'on la harcelait et personne ne semblait pour autant protéger notre fille de mômes âgés d'à peine neuf ans. La situation était devenue insupportable, il fallait faire quelque chose ou nous changerions Maëlys d'établissement.

Avant le rendez-vous, Joachim et moi avions proposé à la principale concernée de se joindre à nous.

— Tu pourras intervenir et expliquer ce qui ne te convient pas en classe, comment les autres te traitent parfois. Ou ne rien dire et simplement écouter la conversation.

En tout cas, elle était la bienvenue. Maëlys avait pesé les différentes options, une à une. Les pour d'abord ; les contre ensuite. Je l'avais vue réfléchir à toute vitesse. Puis, fière et sûre d'elle, sans nous donner la moindre justification, décliner la proposition. Merci mais non.

Nous avions laissé nos deux filles à la maison pour nous rendre à l'école, située à environ six cents mètres de chez nous, à Mignovillard.

L'institutrice nous avait reçus dans la salle de ses CE2. Une professeure qui, à mon sens, ne prenait pas le problème avec tout le sérieux nécessaire. Croyait-elle vraiment qu'il s'agissait de simples histoires de gamins? D'un truc pas bien grave? Peut-être. Reste que j'avais le sentiment qu'elle n'entendait pas notre alerte, qu'elle ne percevait pas que, derrière l'enfant lumineuse qu'elle voyait dans sa classe, se cachait une fillette meurtrie qui devait user de stratégies (comme rentrer déjeuner chaque midi) pour continuer à accepter l'idée même de venir à l'école. Une enfant qui avait fait tout son possible et, maintenant, avait besoin des adultes pour prendre le relais.

À tour de rôle, Joachim et moi avions essayé de lui faire prendre conscience de ce malaise et de l'importance de notre démarche. Sans grand succès d'après moi.

Notre rendez-vous durait depuis un moment quand soudain, j'écarquillai les yeux. Casque sur la tête, Maëlys arrivait sur son vélo. À toute vitesse. De la fenêtre, je la voyais foncer, accrochée à son bolide, avec tant de détermination que je sus immédiatement qu'elle avait une idée en tête. Elle n'avait pas l'attitude d'une petite fille sage qui a changé d'avis et vient écouter l'entretien entre ses parents et sa maîtresse. Elle avait alors disparu hors champ, jetant vraisemblablement son vélo sans précaution aucune, puisqu'elle était réapparue quasiment tout de suite dans la classe, ouvrant la porte sans frapper, les joues toutes roses. Maëlys ne voulait pas qu'on décide pour elle, ni qu'on décide sans elle. Elle avait réfléchi et elle savait ce dont elle avait besoin.

— Je veux changer d'école.

Est-ce que j'idéalise ma fille ? Je ne crois pas. Sincèrement. Pour moi, Maëlys incarnait la détermination autant qu'elle était la vie infaillible, la vie qui doit continuer quoi qu'il arrive, la vie qui trouve toujours une voie. Aussi, passer des heures auprès d'elle dans la chambre funéraire m'a-t-il apaisée, et reconnectée à cette vitalité.

Au réveil du jour si délicat des funérailles, l'image de ma petite, à fond sur son vélo et déboulant de façon impromptue, me revient. J'esquisse un maigre sourire. Est-ce un cadeau de l'univers ? Un message spirituel direct de sa part ? Je ne sais dans quelle mesure je crois à ce genre de coïncidence. C'est en tout cas de cette énergie dont j'ai besoin, aujourd'hui comme dans les jours qui viennent, pour continuer à vivre après lui avoir dit au revoir.

*

Dans la salle de bains, je me prépare et me concentre. Je crains d'oublier quelque chose d'important, stresse pour toutes les questions techniques. En particulier le grand écran sur lequel toute la cérémonie doit être projetée, pour tous ceux qui n'auront pu entrer dans l'église. Normalement c'est au point, il a été installé et devrait fonctionner. Un écran géant. Comme pour un match de foot. Maëlys aurait trouvé ça dingue !

Mes habits sont prêts, pliés et posés sur une chaise ; je les ai choisis avec précaution la veille. La couleur préférée de ma fille était le bleu mais le noir s'impose pour nous trois – et pas seulement parce qu'il symbolise le deuil. En ce moment d'immense tristesse, il est impensable d'être mis en lumière. Le noir est un effacement, le contraste des membres du clan qui s'inclinent au passage du petit cercueil blanc.

Même courte, une vie est parfois bien dure à mener jusqu'au bout. Celle de Maëlys a dû l'être terriblement à la fin. Cet après-midi, nous serons donc les sobres et humbles vivants qui rendent hommage à la brève existence menée par l'une des leurs.

Comme je veux absolument que tout se passe bien, je suis stressée et je répète. Je révise. Projette. Le verbe sonne bizarrement en la circonstance. *Projeter*. Voilà une expression remisée aux oubliettes depuis des mois. Devant le miroir, je ferme les yeux et déroule la cérémonie qui aura bientôt lieu.

Sur les hauteurs, l'église Notre-Dame-de-l'Assomption dominera la ville. La perspective y sera belle et verte. Plus tout à fait la terre, pas encore le ciel. Une topographie proche de la symbolique du moment. Nous arriverons à pied. Ainsi, nous respirerons mieux.

Il y aura nombre d'inconnus, plusieurs centaines annoncées. Je serai en paix avec la venue de tous. Si des humains bienveillants veulent donner de leur temps pour accompagner ma fille ou pour nous soutenir, je suis d'accord. Ils porteront des lunettes de soleil, des polos ou des chemises, des robes pour les femmes ou des pantacourts. Certains seront en tee-shirt blanc, avec un rond rose au milieu et deux photos de Maëlys en forme de cœur. Je ne les regarderai pas, mais ils me verront arriver. Je ne saurai pas que certains appartiennent à une communauté religieuse et qu'ils prient tous les jours pour nous, ou qu'ils ont fait trois heures de voiture parce qu'ils ont une fille du même âge et que notre histoire les a touchés. Ils déposeront des fleurs, une rose blanche par exemple, à l'entrée de l'édifice. Ils signeront le registre pour dire qui ils sont et le courage qu'ils voudraient nous donner pour traverser cela.

Joachim me jettera sûrement des regards auxquels je ne répondrai pas, enferrée que je serai dans ma tristesse. Il n'y aura pas beaucoup de signes d'amour entre nous trois, parce que le clan à quatre sera en train de disparaître sous nos yeux. *Alors comment faire pour continuer ?*

Afin de pénétrer dans l'église, il faudra prononcer le mot de passe. *Reekit*. Une précaution pour éviter que des journalistes trop curieux ne fassent irruption pendant la cérémonie. Car les reporters seront nombreux aussi. On entendra les *clac-clac-clac* des appareils photo à l'arrivée du cercueil blanc.

À l'intérieur, je retrouverai des visages connus. Ils seront presque comme dans mes souvenirs, mais défaits, fermés ou mouillés par la souffrance.

Résonneront les premières notes de la chanson que Louane a écrite pour ses parents, décédés tous les deux à quelques mois d'intervalle. *Parfois je pense à toi dans les voitures/Le pire, c'est les voyages, c'est d'aventure/Une chanson fait revivre un souvenir/Les questions sans réponse ça, c'est le pire. Est-ce que tu m'entends, est-ce que tu me vois? /Qu'est-ce que tu dirais, toi, si t'étais là*[1]*?* Je pourrai presque entendre les mots que Maëlys aurait prononcés en riant :

— Pourquoi vous pleurez tous comme ça?

L'évêque portera une soutane blanc cassé et, sur la tête, une calotte violette. À son pupitre, il ne dira pas un mot de Dieu et oubliera la notion si catholique de pardon. Il ne dira pas que Maëlys est désormais auprès du divin. Il se mettra vraiment à notre place. Il parlera des hommes. *Il est des hommes qui ne sont pas bons*, dira-t-il. Il ajoutera que c'est injuste, que les enfants ne doivent pas partir avant les parents. Il aura raison, son discours me fera du bien.

1. *Si t'étais là*, tiré de l'album «Louane», interprété par Louane : auteurs-compositeurs Marie Bastide et Gioacchino Maurici; producteurs Dany Synthé, Fontana/Mercury Universal, 2017.

Puis la voix du chanteur Grégoire résonnera dans l'église. *J'aurais aimé tenir ta main un peu plus longtemps/ J'aurais aimé tenir ta main un peu plus longtemps/J'aurais aimé que mon chagrin ne dure qu'un instant/Et tu sais, j'espère au moins que tu m'entends*[1]. Alors viendra notre tour de parler, l'un après l'autre, la gorge serrée.

*

Pour la fin de la cérémonie et le départ vers le cimetière, j'ai choisi *Hymn to the Sea,* chanson extraite du film *Titanic*, de James Cameron. Toujours dans la salle de bains, devant mon miroir, j'ignore qu'en sortant de l'église, des centaines de personnes salueront ma fille, son existence écourtée. Ces applaudissements me seront d'un réconfort incroyable.

Avant de m'habiller, j'ose me laisser glisser dans un autre souvenir. Maëlys et moi, toutes deux allongées sur le canapé, comme deux cuillères, elle se serre contre moi, tandis que Joachim et Colleen sont assis côte à côte dans celui face à la télévision.

Le film date de 1997, mais c'est un chef-d'œuvre que mon compagnon et moi avons vu ensemble à sa sortie, que nous adorons et que nous tenions à

1. *Ta main*, tiré de l'album « Toi + moi », interprété par Grégoire ; auteurs Grégoire et Lambert ; compositeur Franck Authié, MMC, 2009.

partager avec nos filles. Maëlys passe les trois heures quatorze collée aux images, aux dialogues, au propos. Je ne sais ce qui retient précisément son attention, mais je peux sentir sa concentration et les questions dans son esprit pousser puis éclore. Nous en discuterons bientôt, une fois le générique déroulé.

À la fin, Maëlys pleure – vous savez, ma Maëlys qui ne pleure jamais. Ma fille n'étant pas portée sur les histoires d'amour, je suis prête à parier que ce n'est pas la triste fin de l'histoire entre Rose et Jack qui l'émeut. Alors quoi? Je suis curieuse de comprendre ses sentiments, mais il me faudra attendre : quand viendra le bon moment, elle s'expliquera.

Ce bon moment arrive rapidement. Avec toute la naïveté d'une enfant (elle devait avoir sept ans), elle me raconte une incompréhension. Celle de la prise en charge des différentes classes sociales lors du naufrage. Pourquoi certains ont-ils le droit d'être sauvés et d'autres non? Pourquoi c'est l'argent qui fait la différence? Dans les dernières scènes du film, alors qu'un capitaine qui a pu prendre un canot cherche des survivants dans les eaux glacées en demandant : «Est-ce qu'il y a quelqu'un de vivant? Nous sommes arrivés trop tard… il faut continuer à chercher», la caméra montre une maman qui tient dans les bras un nourrisson. Les deux personnages, peau blanche et gelée, yeux figés, sont morts de froid. Les enfants peuvent mourir aussi?

*

Autour de la tranchée rectangulaire creusée au milieu des tombes, nous lancerons les peluches de toutes les couleurs que des enfants sont venus déposer depuis des mois devant la salle des fêtes du mariage. Je saurai que c'est la dernière fois que tu es avec nous et me sentirai seule de te voir disparaître dans l'abîme de la terre. *Des mois à attendre ton retour et tu t'en vas déjà*, penserai-je. L'abîme sera celui de mon cœur mais je t'aurai promis la paix tant de fois qu'il me sera impossible de te retenir plus longtemps.

J'enfile ma jupe noire, mon chemisier sombre, mon blazer noir, et des ballerines. Je fixe une dernière fois cette femme figée par le désespoir que je vois dans le miroir. Me voilà prête.

17

Adieu, Maëlys

J'ai partagé neuf années de bonheur avec toi, Maëlys. Tu étais si belle. Ton regard était profond, rempli d'amour et malicieux. Tu aimais les fous rires et nous faire rire. La maison est triste sans toi, sans ta joie de vivre, sans ton rire. Tu me manques, et j'aimerais tant te serrer dans mes bras, et revoir ton beau visage.

Tu étais une enfant courageuse, tu n'avais pas peur dans les manèges. Tu nous encourageais, ta sœur et moi, à venir avec toi affronter les descentes du grand huit. Tu étais une vraie guerrière.

Mon poussin – tu aimais bien que je t'appelle comme ça –, ton absence laisse un grand vide en moi. Je ne baisserai jamais les bras. Je sais que tu n'aimerais pas cela. Je me battrai pour toi. Ne t'inquiète pas, je veille sur ta sœur Colleen, ton papa, ta mamie, ton papi, sur toutes les personnes que tu aimais tant.

Maëlys, tu ne souffres plus maintenant.

À chaque fois que je regarde le ciel, je sais qu'une étoile veille sur nous. Repose en paix, tu es et tu seras dans nos cœurs pour toujours, jamais je ne t'oublierai.

III

EXISTER, ENCORE

18

Les prénoms

Une femme aux cheveux marron, épais et coupés au carré, allume une cigarette. Elle est agitée. Sa frange retombe sur ses yeux et cache des sourcils froncés. Elle appelle son fils aîné une fois, deux fois, trois fois. Répondeur. Pourquoi ne décroche-t-il pas ? Pourquoi ne s'est-il pas présenté à la caserne, ni hier ni ce matin ?

Elle fixe son portable comme s'il allait lui apporter la réponse. Du quatuor que forme leur famille, elle appelle d'abord le mari. L'homme à la barbe longue et blanche, une sorte de père Noël soixante-huitard, décroche tout de suite. Puis elle appelle le cadet. Personne ne l'a vu. Personne ne lui a parlé. Sur l'écran du téléphone, sous l'heure, il est indiqué la date : 13 avril 2017. Depuis hier, Arthur semble s'être volatilisé.

— Ce n'est pas normal, dit-elle à voix haute, pour elle-même.

La mère est infirmière libérale à Bourges. Elle doit finir sa tournée, passer voir ses derniers patients. Le cœur lourd, elle fait son travail.

Puis elle rentre à la maison, se gare et file directement dans la chambre. Elle saisit un petit sac de voyage, fourre à l'intérieur le minimum vital pour elle et Didier, et ensemble ils repartent aussitôt. La voiture démarre. Le mari et la femme n'avalent rien d'autre que les quatre cent cinquante kilomètres qui les séparent du treizième bataillon des chasseurs alpins à Barby, une ville située juste après Chambéry. Leur fils habite là-bas. *On va le retrouver.*

Au même moment, une petite fille de huit ans rentre de l'école. Elle s'assied à la table de la cuisine et prend son goûter. C'est jeudi. Demain soir, débuteront les vacances de printemps. Deux semaines sans garçons pour l'embêter, seize jours à la maison avec Maman. Elle a hâte. S'il fait beau ce week-end, elle fera du foot dans le jardin. S'il pleut, peut-être Colleen sera-t-elle d'accord pour jouer au Uno ?

Dans sa voiture, le couple arrive au niveau de Lyon qu'il contourne par le nord. L'homme et la femme prennent l'autoroute A43, passent devant Saint-Quentin-Fallavier, puis par Bourgoin-Jallieu. Un long voyage. Ils sont fatigués et morts d'inquiétude.

À La Tour-du-Pin, il leur reste cinquante kilomètres à parcourir. Ils l'ignorent, mais l'A43 passe juste au-dessus de Domessin. Où, chez lui, un homme se prépare. Ce soir-là, il rejoindra son meilleur ami, chef d'entreprise, qui l'a convié à un dîner entre collègues. Ils iront probablement picoler quelques verres ensuite et, peut-être, danser en ville.

À vol d'oiseau, Cécile et Didier Noyer roulent à moins de deux kilomètres de l'homme qui a tué leur fils une nuit auparavant.

*

Parallèlement à la nôtre, la vie de trois personnes s'effondre petit à petit. Le morcellement de leurs existences s'opère sur des jours et des jours. Ils mettent sur pause tout le reste pour attendre Arthur. Cécile Noyer dira ensuite que, pendant huit mois, elle ne coupait jamais son téléphone et qu'elle refusait d'éteindre les lampes du foyer familial.

— Je laissais la lumière, Arthur, pour que tu me retrouves.

Le 7 septembre 2017, un homme fait une promenade sur les hauteurs de Cruet, mille habitants et des poussières, près du col du Marocaz en Savoie. Il emprunte un chemin forestier difficile d'accès l'hiver à cause de la neige, mais très agréable et calme en cette fin d'été. Pendant sa balade, il bute sur quelque chose. Il aurait très bien pu ne pas y prêter attention ; après tout, cet os devait appartenir à un animal, il y en a pas mal dans le coin. Dans le doute, le promeneur observe néanmoins sa trouvaille. Ce matin, il n'est pas pressé. Il fait bien ; son zèle sera précieux.

Grâce à lui, un morceau de crâne est retrouvé. Les analyses génétiques vont revenir tard. Elles vont montrer qu'il s'agit bien de la tête d'Arthur. Or, je crois que personne ne prévient les époux Noyer qui restent dans l'incertitude et l'angoisse. Les enquêteurs sont sur une piste. Si quelqu'un en avait connaissance, tout pourrait tomber à l'eau. Alors les gendarmes se taisent et les Noyer continuent d'attendre.

Au début de l'enquête, les forces de l'ordre ont analysé le téléphone du disparu. Dans la soirée du 11 au 12 avril 2017, le portable du caporal a déclenché plusieurs antennes relais. Ce qui a permis de dessiner le trajet approximatif d'Arthur. En comparant le bornage du téléphone avec les caméras de vidéosurveillance de Chambéry et des alentours, les gendarmes se sont rendu compte qu'une seule voiture avait, sensiblement, effectué le même trajet. Un véhicule dont un défaut d'éclairage rend la plaque d'immatriculation illisible. En revanche, ils savent qu'il s'agit d'une Audi A3 grise, avec un autocollant à gauche. Ils en sont certains : la voiture est la clé du mystère.

Les gendarmes se lancent dans de longues recherches sur les fichiers automobiles. Rien qu'en

Savoie, ils comptabilisent deux mille neuf cents propriétaires du même modèle. Une aiguille dans une botte de foin.

Quatre mois plus tard, l'enquête piétine. À quarante kilomètres de Chambéry, ma fille disparaît. Les enquêteurs savoyards s'y intéressent d'abord en spectateurs ; ce n'est pas leur zone. Mais un jour, l'un des gendarmes lit un article – ou tombe sur un reportage – et apprend que, pour Maëlys aussi, tout tourne autour d'une voiture. Une Audi est également au cœur des investigations. Une Audi A3 à la plaque d'immatriculation illisible et dotée, à gauche, d'un autocollant.

Le 18 décembre, la gendarmerie prévient Didier Noyer qu'une personne a été placée en garde à vue dans le cadre de la disparition de son fils. L'interlocuteur ne dit rien de l'identité du mis en cause. Au même moment, le téléphone de Cécile Noyer sonne. C'est un journaliste, probablement quelqu'un du coin. Dans cette histoire aussi, les reporters sont mieux informés que la famille. Le journaliste lui révèle le nom et le prénom de celui que l'on soupçonne de l'enlèvement et de la séquestration de son fils. Dans la maison, la femme se tait un instant. Fronce les sourcils comme elle le fait quand elle est contrariée. Puis, impuissante devant l'information dont elle ne comprend pas tout à fait la portée, elle bat en retraite.

— Mais… c'est qui, Nordahl Lelandais ?

*

La première fois que j'ai vu le visage d'Arthur, j'ai trouvé la ressemblance frappante.

La photo diffusée à la télévision était prise dans un escalier, le photographe surplombant son sujet. Le jeune homme d'une vingtaine d'années levait les yeux vers l'objectif et souriait. Si je n'avais pas entendu son grade, caporal, je n'aurais jamais imaginé qu'il s'agissait d'un militaire. Dans sa chemise à carreaux bleu marine, rouge et blanc, il avait la douceur des traits et le regard vif de notre enquêteur au polo bleu ciel. Tous les deux étaient des personnes calmes et gentilles, j'en étais sûre.

À la droite de ce visage si lumineux, le même tee-shirt rose, le même air idiot, les mêmes malinois. Pour la première fois, la tête de l'« Autre » était juxtaposée à celle de quelqu'un d'autre que ma fille avec sa robe blanche.

— Nordahl Lelandais a été extrait de sa cellule, nous avait prévenus le gendarme le matin même par téléphone. Il va être entendu, mais sur une affaire distincte. Un jeune qui a disparu en Savoie. Cela n'a rien à voir avec nous, mais vous risquez d'en entendre parler dans les médias. Je tenais à vous l'apprendre.

Quarante-huit heures de garde à vue plus tard, le procureur de la République de Chambéry, Thierry Dran, apprenait à la France entière la mise en examen de l'« Autre » pour assassinat.

20 décembre 2017. Je vis le cauchemar de l'attente. Souvent, quand on est désespéré, on pense que l'on ne pourra pas supporter davantage et que la goutte d'eau qui s'ajoute va tout inonder. C'est faux. On encaisse tout et toujours davantage, tant que l'on n'a pas touché le fond.

Durant la conférence de presse du procureur, j'avale un nouveau mot. Assassinat. Le magistrat précise que le 25 avril 2017, treize jours après la disparition d'Arthur, le mis en cause a effectué des recherches sur Internet. Il a tapé : *Décomposition d'un corps humain*. J'avale encore. Sur qui est-on tombé ? S'il n'en est pas à sa première victime, qu'a-t-il pu faire à notre fille ? Serait-il tellement à l'aise dans les interrogatoires, le silence devant les magistrats et les mensonges parce qu'il en avait l'habitude ? ne puis-je m'empêcher de penser.

Pendant les vacances, un message d'un contact inconnu m'arrive. Cécile Noyer s'exprime au nom de toute sa famille, elle, Didier et Quentin, le frère d'Arthur. Tous s'apprêtent à passer le premier Noël sans leur enfant. Elle m'écrit que nous sommes sûrement victimes de la même personne, qu'ils sont de tout cœur avec nous, qu'ils vivent la même chose.

Cécile est infirmière comme moi et Didier, son mari, retraité de la fonction publique hospitalière.

Maëlys

Le couple vit à Bourges, dans le centre de la France, nous dans les montagnes du Jura. Il n'y avait a priori aucune probabilité que nous rencontrions cette famille Noyer. Pourtant, ce jour-là, nos vies se lient à jamais.

19

Renoncement

Bien qu'il s'agisse de la plus vaste du palais de justice de Chambéry, la salle d'audience est très petite. Tout au plus accueille-t-elle cinq ou six rangées de chaises noires, fixées au sol et accrochées les unes aux autres. La première rangée est occupée par Cécile Noyer, installée au milieu, son mari à sa gauche, son fils à sa droite. Ils tiennent un cadre en bois clair d'au moins un mètre de haut où apparaît la photo que j'ai vue à la télévision. Celle d'Arthur qui lève les yeux vers la cour en souriant comme pour dire : *Regardez combien j'ai existé. Regardez qui j'étais et ne m'oubliez pas quand le meurtrier parlera de moi.* La candeur disparue.

Derrière eux, la grand-mère, le grand-père, les oncles, les tantes, les amis… Tous ceux qui faisaient d'Arthur un être aimé veulent savoir ce qui lui est arrivé. Tous font face au président de la cour d'assises, à ses deux assesseurs et aux jurés. Tous viennent chaque matin, depuis une semaine, assister aux audiences.

À droite, dans un box vitré sécurisé, il y a l'« Autre ». Les parents d'Arthur l'appellent ainsi, eux aussi, incapables qu'ils sont de se résoudre à ce que le nom du meurtrier de leur fils passe leurs lèvres. La semaine précédente, la grand-mère du jeune homme s'est tournée vers l'accusé et lui a dit :

— Regardez-moi bien dans les yeux. Vous nous avez enlevé un être si cher. Vous nous devez la vérité.

Depuis le début de ce procès, les lèvres de l'accusé répètent la même chose : il n'a pas fait exprès de tuer ce garçon ; il l'a pris en stop en rentrant d'une soirée à Chambéry, Arthur était très saoul, ils se sont disputés, la bagarre a mal tourné. Des explications auxquelles ni sa famille ni moi ne croyons.

Cécile, Didier et Quentin Noyer traversent ces océans de versions différentes et imprécises que nous traversons aussi. Ils sont la même famille de quatre amputée, boitant d'une histoire à une autre, essayant de trouver quelque chose qui puisse coller à ce qu'était leur enfant. Arthur rendu agressif par l'alcool et Maëlys qui monte volontairement dans la voiture d'un inconnu ? Rien ne tient jamais. Certaines lèvres ne savent débiter que des conneries.

*

Ce 10 mai 2021, je ne suis pas dans la salle d'audience. J'aurais aimé venir, mais la famille Noyer m'a demandé de demeurer en retrait. Aujourd'hui, c'est leur fils qu'ils défendent, leur souffrance qu'ils exposent au monde. Notre temps viendra.

Je reste donc chez moi. Lis tous les débats sur les réseaux sociaux grâce aux chroniqueurs judiciaires et aux rapports qu'en fait *Le Dauphiné*. Je suis dans mon canapé, mais je suis au procès.

*

Au centre de la salle, il y a la barre. Une première femme s'approche. Elle a des lunettes rouges, l'assurance et l'air sévère de celles qui connaissent leur boulot. Ses longs cheveux blonds retombent souplement sur ses épaules, elle s'approche du pupitre en arc de cercle. Le président l'invite à décliner son identité et la raison de sa présence ici, ce matin.

— Hélène Dubost, psychologue clinicienne et experte pour les tribunaux.

— Vous pouvez détailler votre rapport, madame Dubost. La cour vous posera ensuite des questions si cela est nécessaire.

Le président, François-Xavier Manteaux, a les cheveux blanchis et le ton las des Monsieur Loyal judiciaires abîmés de rappeler depuis des années, procès après procès, les règles d'une cour d'assises. Il sait le temps des expertises psychologiques et psychiatriques important parce qu'elles permettent de comprendre la personne que l'on s'apprête à juger. Elles marquent aussi la presque fin des débats. Après ces passages à la barre, il n'y a plus de témoin, ni d'expert. Seuls les représentants du parquet viendront requérir la peine qui leur semblera convenir et les avocats défendre les victimes et, en dernier, l'accusé. Après eux, les chances d'obtenir des révélations s'amoindrissent, celles de connaître la vérité aussi, si rien n'est survenu auparavant.

D'un geste vers son interlocutrice, le président autorise la psychologue à démarrer.

— J'ai rencontré monsieur Lelandais à trois reprises entre février et mai 2018, débute-t-elle. Je dirais qu'il s'agit d'un homme dans la maîtrise, dans le contrôle, quelqu'un qui ne s'exprime pas de manière spontanée. Il ne se livre pas facilement. C'est comme s'il distribuait des pièces de puzzle, mais pas toutes les pièces. Et il demande à l'autre de les reconstituer.

Lors de leur premier entretien, Hélène Dubost a demandé à l'accusé de parler de ses parents et de son éducation. L'« Autre » a eu cette étrange réponse :

— Un chien, on lui apprend. Quand il sait faire, il est récompensé. Sinon, il est réprimandé. Le chien est un animal qui fait partie de moi.

À la barre, elle résume :

— Il y a quelque chose de l'identification au chien qui est importante chez lui. C'est quelqu'un qui attend. Normalement, ce sont les chiens qui attendent. Lui aussi attend. Il attend qu'on lui apporte les preuves. Il y a peut-être même une sorte de jouissance à attendre.

À quelques dizaines de centimètres derrière l'experte, une grande femme se tient debout. Magali Ravit a remonté ses cheveux châtains en un chignon lâche et gardé son blouson. Elle patiente avant de s'exprimer à son tour sur le rapport qu'elle a coécrit avec sa consœur.

— Dans un premier temps, il s'est présenté comme une victime d'Arthur Noyer, mais plus loin dans notre entretien, il a indiqué qu'Arthur s'était bien défendu, précise Hélène Dubost.

Sur le côté gauche de la salle, sous de grandes fenêtres, huit sièges sont occupés par des journalistes. Comme plus d'une centaine sont accrédités, toutes les demi-heures quatre reporters se lèvent plus ou moins discrètement et se pressent vers l'étage du tribunal, dans la salle de retransmission vidéo, afin de ne rien rater de l'audience et quatre confrères viennent les remplacer aux chaises laissées vides. Le bal de la presse.

— Sur le passage à l'acte qui concerne Maëlys, il parle des images d'Arthur qui revenaient, intervient l'experte en blouson. Il m'a dit : « J'ai eu une vision à ce moment-là d'Arthur qui revenait en elle. » Il y a donc une idée de collusion entre les deux faits.

Magali Ravit, de son côté, a rencontré l'accusé six fois en tout. Dont le 16 février 2018, deux jours après la découverte de ma fille dans le massif de la Chartreuse.

— Il est effondré, ne veut pas parler, n'a pas dormi de la nuit, raconte-t-elle de cet entretien. Je mettrai quarante-cinq minutes à le faire verbaliser quelque chose. Il y a quelque chose alors, chez lui, de l'ordre du chaos.

Nordahl Lelandais, le pleureur. Nordahl Lelandais, le plaintif. Le dégoût monte doucement dans ma gorge au fil de ma lecture des live Tweet.

Le président Manteaux, masque chirurgical sur le visage, lève la tête de ses notes. Il fronce un peu les sourcils qui pèsent sur ses yeux clairs.

— Madame Ravit, diriez-vous que Nordahl Lelandais a une personnalité violente ?

La psychologue prend quelques secondes pour réfléchir. Sa réponse est importante, elle le sait. Comme celle de tous ceux qui viennent témoigner à la barre – a fortiori lorsqu'on est une experte de la psyché humaine, son avis va être pris en compte dans le verdict rendu.

— C'est une question difficile… Je pense qu'il résout ses conflits, ses problématiques intérieures par la violence.

— Quand j'ai abordé l'altercation avec Arthur, il a versé de grosses larmes, comme des billes, sans signe précurseur, des larmes qui se sont taries aussi vite, reprend sa consœur. Est-ce que c'était authentique ? Est-ce que c'était sincère ? Je ne sais pas. Mais j'ai trouvé cette petite scène très dénuée d'affect, un peu mécanique, trop commandée peut-être. Ça manquait d'authenticité.

Alain Jakubowicz se lève et – rien d'étonnant pour l'avocat de la défense – s'indigne.

— On a le sentiment, madame Dubost, que vous n'aimez pas Nordahl Lelandais.

— Nous ne sommes pas là pour aimer ou ne pas aimer, répond cette dernière. Mais pour écouter un sujet et rapporter la compréhension que l'on peut en avoir.

— On a l'impression que vous n'êtes pas en phase toutes les deux et que vous ne parlez pas du même homme !

Les deux spécialistes ont fait la route depuis Lyon, sont des collègues, ont travaillé ensemble sur le cas Lelandais, chacune l'ayant rencontré séparément pour ne pas s'influencer avant de rédiger leurs rapports conjoints. Cette divergence évoquée ne m'apparaît pas.

— C'est quelqu'un qui a toujours besoin de vérifier qu'il est en vie, précise Magali Ravit. Il est dans une sorte d'excitation permanente, avec les stupéfiants notamment. C'est quelqu'un qui consomme des hommes, des femmes, des enfants… C'est dangereux, mais il a besoin de ça pour être sûr qu'il est vivant.

Dans sa cage de verre, l'« Autre » ne bronche pas. Immobile sans être tout à fait indifférent, il écoute comme un spectateur médiocre qui regarde sans vraiment comprendre ce qui se joue. S'il n'était dans ce box, personne ne pourrait imaginer que c'est pour lui et pour le voir jugé que tant de gens se sont déplacés.

— Est-ce que vous avez vu un monstre ? Est-ce que vous avez vu un homme ? questionne alors Alain Jakubowicz en pointant du doigt son client, le verbe haut. Moi, j'ai l'impression que vous décrivez un homme avec ses faiblesses.

Les psychologues partent et apparaissent les psychiatres. Le premier à s'avancer s'appelle François Danet. Lunettes épaisses, front dégagé. Il paraît dynamique et prêt à donner un cours de psychologie.

— Une personnalité équilibrée est quelqu'un qui grandit dans un environnement harmonieux, avec des parents qui apportent aux enfants une sécurité interne, dit-il. Devenu adulte, l'enfant peut donc faire face aux grands enjeux de la vie, comme le fait de quitter ses parents ou d'avoir des relations sexuelles. Au contraire, si l'on n'a pas eu assez de relations sécurisantes, trop ou pas assez de frustrations, les émotions, les pensées et les sensations corporelles arrivent en monobloc. Cela peut, par exemple, susciter la colère qui prendra le dessus sur tout.

L'homme parle avec les mains ; il a le souci d'être compris de l'auditoire.

— Nordahl Lelandais pouvait se trouver dans un état d'auto-dépréciation quand il a croisé la route d'Arthur et Maëlys. S'il s'est dit : « Il ou elle est mieux que moi » à ce moment-là, ce peut être des actes colériques ou des actes sadiques. Entre la colère et le sadisme, il m'est impossible de trancher dans le cas de M. Lelandais. Je vais toutes les semaines en détention. Je rencontre des détenus qui commettent des viols, des meurtres, des actes pédocriminels. Mais ces détenus me parlent, vous voyez. Ils me parlent de leur vie affective, de leur vie émotionnelle… Ce n'est pas le cas de Nordahl Lelandais. S'il parle, le risque est qu'il s'effondre. On appelle ça un effondrement psycho-dépressif. S'il se ferme comme il le fait, il maintient un état de bien-être. S'il livre trop de choses, il risque d'aller trop mal.

— Quelle interprétation faites-vous des pleurs de Nordahl Lelandais ? demande le président d'un ton neutre, faisant référence à l'intervention précédente.

— Ce ne sont pas les mêmes que les pleurs liés à la perte de son chien Tyron, qui sont en rapport avec un vécu émotionnel, un attachement affectif à ce chien. Les pleurs en prison concernant monsieur Noyer sont liés à des troubles dépressifs.

Le psychiatre se décale pour laisser le champ libre à son binôme, homme grand au visage fin, la soixantaine passée.

— Le problème avec M. Lelandais, c'est qu'il se met toujours à l'abri de la culpabilité et de la honte, lance Patrick Blachère. Lorsqu'il pleure en évoquant Maëlys, je vois bien les pleurs… mais pas l'attitude émotionnelle qui correspond.

Derrière un long bureau en bois, Alain Jakubowicz dans sa robe noire tape du pied. L'expert n'a pas le droit de parler d'un autre dossier que celui jugé ce jour-là. Ce n'est pas ainsi qu'un procès aux assises se tient, semble-t-il signifier. Et moi de me demander si, pour lui, ma fille ne représente que cela, un dossier.

À la barre, le psychiatre insiste sur le manque d'empathie de l'accusé. Qui résiste à beaucoup d'interrogatoires sans dire la vérité sur ce qui est arrivé.

— Vous l'avez vu deux fois une heure trente, explose Alain Jakubowicz désormais debout. Et vous affirmez péremptoirement que Nordahl Lelandais est incapable de reconnaître sa culpabilité ! Comment pouvez-vous dire des mimiques de mon client qu'elles ne montrent aucune émotion sincère ?

Le psychiatre, qui me paraît blasé et habitué aux mouvements d'humeur des avocats de la défense (tant il en a vu dans sa carrière), répond patiemment.

— Il existe des critères tout à fait objectifs.

François-Xavier Manteaux remercie et renvoie les psychiatres.

— Vous pouvez rester dans la salle et suivre les débats ou sortir, à votre convenance, dit-il.

Depuis le début du procès, Didier et Cécile Noyer regardent droit devant eux. Aucun coup d'œil vers le meurtrier. Même quand vient son tour de parler, ils fixent l'écran installé face à eux.

— Monsieur Lelandais, levez-vous.

L'« Autre » se met debout.

— Souhaitez-vous donner votre avis sur les expertises psychologiques et psychiatriques que nous venons d'entendre ?

L'accusé fait attendre l'auditoire quelques secondes. Personne n'ose l'avouer, mais tous, nous sommes suspendus à ses lèvres.

— Pour moi, certaines choses ne sont pas vraies, comme mon manque d'empathie. Tous les jours, je travaille sur ce qui vient d'être dit avec les soignants. Je fais beaucoup de lectures sur l'enseignement du bouddhisme.

Il s'arrête. Les gens dans la salle ont cessé de respirer. L'espoir qui reste est minuscule et stupide, mais il les fait tenir. Peut-être enfin, va-t-il se confier. Peut-être, enfin, cessera-t-il de salir Arthur en affirmant qu'il était saoul et que tous deux se sont battus ?

L'« Autre » reprend la parole.

— Je vous ai dit ce qu'il s'était passé. J'ai tout dit. Je présente mes excuses à la famille Noyer.

Fermez le ban. Retrouvons la souffrance de ne pas avoir été soulagés d'aveux enfin prononcés.

Les procès d'assises sont souvent présentés comme des moments suspendus où tout peut se produire : la vérité comme la désillusion. Celui qui s'est tenu à Chambéry s'est résumé à une succession de déceptions pour moi. Je n'ose imaginer ce qu'ont ressenti les parents et le frère d'Arthur. Bien qu'il ait été condamné pour meurtre au terme des audiences et des délibérés du jury, l'« Autre » a maintenu jusqu'au bout le statu quo avec sa version d'un l'homicide involontaire. *Je n'ai pas fait exprès de tuer votre fils et je m'excuse.*

*

Le titre de ce livre est un prénom. *Maëlys*. Derrière ce premier prénom, si cher à mon cœur, il y en a un autre : celui d'Arthur bien sûr. Peut-être d'autres encore mais rien ne permet de l'affirmer à ce jour.

En janvier 2018, la gendarmerie a créé la cellule Ariane, chargée de faire le lien entre neuf cents personnes disparues ou décédées et le passé du condamné de Chambéry. Dans le cas de Lucas Tronche – dont j'ai diffusé les avis de disparition sur mes réseaux sociaux –, la responsabilité de l'« Autre » a été écartée. Mais d'autres prénoms évoqués par les médias restent encore dans le flou. Et cette quête-là me porte.

Mieux, elle signe le début de mon salut.

Comprenez-moi : je ne suis pas pratiquante et je ne crois pas au destin. La mort de Maëlys n'était en rien « écrite » comme certains pourraient le croire. L'acceptation du décès de mon enfant ne pouvait donc passer, chez moi, par cette voie. En revanche, je crois que ma fille avait une telle aversion pour l'injustice qu'elle est parvenue sans le vouloir, du haut de ses huit ans et demi, à mettre fin aux agressions de cet homme que je pense follement dangereux. Le meurtre d'Arthur Noyer n'aurait, je le crois et le crains, jamais été élucidé et son tueur condamné sans ce qui est arrivé à Maëlys.

Sans ma fille, les enquêteurs n'auraient jamais entendu parler de l'homme insignifiant qui avait déjà sévi. Sans elle, ils ne seraient jamais tombés sur les vidéos de ses petites-cousines dans son téléphone. Et il y aurait peut-être encore des enfants, trois prénoms, trois petites personnalités en construction, incapables de dire le secret qu'on les a implorés de garder.

Grâce à Maëlys, l'« Autre » ne fera plus de mal à personne.

20

Cinq

BFMTV, mardi 3 juillet 2018, 6 h 32

Les enquêteurs ont retrouvé dans l'un des téléphones de Nordahl Lelandais une vidéo qui a été filmée une semaine jour pour jour avant le week-end du mariage où la petite fille a disparu, où elle a été tuée. Une vidéo sur laquelle – selon plusieurs sources proches du dossier – a été identifiée une petite fille âgée de six ans qui, d'après les enquêteurs, serait la petite-cousine de Nordahl Lelandais.

D'après nos informations, la main, le bras de Nordahl Lelandais ont pu aussi être identifiés sur la vidéo. Une vidéo qualifiée de pédopornographique par les enquêteurs, par les gendarmes, sur laquelle on voit des faits d'agression sexuelle.

Pour l'instant, il n'a pas été confronté, il n'a pas pu s'expliquer sur cette vidéo. Ce sera le cas aujourd'hui. Une audition qui devrait déboucher sur une nouvelle mise en examen pour Lelandais pour agression sexuelle sur mineur de moins de quinze ans.

*

20Minutes.fr, publié le 7 décembre 2018 à 14 h 33

Nordahl Lelandais mis en examen dans une nouvelle affaire d'agression sexuelle sur mineure.

ENQUÊTE. C'est la quatrième mise en examen de Nordahl Lelandais.

Nordahl Lelandais est mis en examen pour agression sexuelle sur mineure. Cette mise en examen concerne, selon des sources concordantes, des attouchements sur une petite-cousine âgée de quatre ans au moment des faits.

Extrait de sa cellule de Saint-Quentin-Fallavier vendredi matin, l'ex-maître-chien était de nouveau interrogé ce vendredi par les juges grenoblois en charge de l'affaire après la découverte d'une nouvelle vidéo d'attouchements sur une enfant dans ses téléphones portables. Lelandais est déjà mis en examen pour le meurtre de Maëlys, l'assassinat d'Arthur Noyer et l'agression sexuelle d'une première petite-cousine.

L'avocate des parents des deux jeunes victimes a expliqué à l'AFP que sur la seconde vidéo, « on voit une main se livrer à des attouchements sexuels sur une fillette. Il n'y a pas de pénétration digitale. Nordahl Lelandais est parfaitement identifiable. » « On ne voit pas le visage de l'enfant de quatre ans mais les gendarmes ont pu, grâce à leur enquête, identifier la petite victime », a-t-elle ajouté.

L'agression aurait été commise au cours de l'été 2017, au domicile de l'enfant, dans le sud de la France, quelques semaines avant celle de l'autre petite-cousine, qui avait six ans au moment des faits.

*

L'Express.fr, publié le 1er juillet 2019 à 7 h 45

Une petite-cousine de Nordahl Lelandais l'accuse d'agression sexuelle.

NOUVELLE ACCUSATION. Les faits reprochés par l'adolescente de seize ans à son grand-cousin se seraient produits le jour de l'enterrement de son père.

D'abord, elle a tout gardé pour elle. Puis l'affaire Nordahl Lelandais a éclaté. En mars 2017, une petite-cousine du suspect du meurtre de la petite Maëlys affirme avoir subi une agression sexuelle de sa part, selon son témoignage recueilli par BFMTV.

Aujourd'hui âgée de seize ans, Charlotte, un prénom d'emprunt, a porté plainte en avril pour « agression sexuelle sur mineur » et « menaces de mort ». Une enquête préliminaire a été ouverte, selon la chaîne. La révélation des agressions commises par son grand-cousin sur deux autres de ses petites-cousines, bien plus jeunes, qui lui valent une double mise en examen, l'a poussée à raconter ce qu'elle avait vécu.

Les faits reprochés à Nordahl Lelandais par l'adolescente se sont produits le jour de l'enterrement de son père. Alors qu'elle s'éloigne un moment du groupe, son grand cousin la suit, mais elle comprend vite qu'il ne le fait pas pour la réconforter. « Il me prend dans ses bras, sauf qu'il descend ses mains », raconte-t-elle à BFMTV.

« Je sens ses mains descendre dans mon dos, ses mains se mettent sur mes fesses, avec insistance. » Elle le repousse alors, mais il revient vers elle et lui touche la poitrine. Après l'avoir une nouvelle fois repoussé, elle croise son regard, « un regard noir qui faisait vraiment peur », se souvient-elle. Alors qu'elle rejoint sa famille, son grand cousin lui adresse cette menace : « Si tu dis quelque chose, je te tue. »

Cinq

À la fin du mois de mars 2017, Nordahl Lelandais a ensuite envoyé des messages à sa petite-cousine, auxquels elle répondait par peur des conséquences. « Il m'a dit : c'est quand qu'on se marie, t'es ma petite bombe, que des choses comme ça », raconte l'adolescente à BFMTV. À l'époque, elle n'en dit mot à personne. Dans les mois qui suivent vont se produire la plupart des faits dont Nordahl Lelandais est accusé[1].

1. Dans le cadre de cette affaire, Nordahl Lelandais conteste les faits qui lui sont reprochés.

21

Colère

Un signal rouge s'allume. Il part des yeux qui viennent de lire l'intitulé du rapport. Le signal emprunte un premier couloir, un deuxième, puis un troisième. Il file à toute vitesse. Ma survie dépend peut-être de lui. Tout se passe bientôt au centre du cerveau. Le signal parvient au thalamus. Il est trié et envoyé à l'amygdale qui s'occupe des événements nouveaux. En un clin d'œil, le signal prend vie. Les battements de mon cœur s'accélèrent. Ma respiration se presse. J'ai sous les yeux les résultats de l'autopsie. Ma fille est morte. Je bous.

Pour les médecins, il n'y avait plus grand-chose à observer. Maëlys, pleine de questions et d'ambition, future footballeuse, pompier, agricultrice. Maëlys qui en voiture disait : *Tu peux mettre plus fort ? c'est* La Folie arcadienne, *j'adore !* Maëlys et son cœur qui battait la chamade quand elle dansait, chantait, riait dans les manèges. Maëlys et son visage qui se déformait sous le poids des interrogations lorsqu'une situation lui était incompréhensible. Maëlys qui naît. Maëlys qui vit. Maëlys, allongée sur la table en métal glacé d'un légiste vieillissant, réduite à quelques os. Comme si sa vie n'avait pas compté. Son corps et son existence tout entière effacés par le temps, la nature, les animaux. Les experts légistes ont fait ce qu'ils ont pu.

Dans le bureau de notre avocat, je parcours les documents. Deux fractures au niveau du crâne de Maëlys, deux autres au niveau de sa mâchoire. Aucune n'a été mortelle. *Cause du décès : inconnue. Inconnue.* Voilà un nouveau mot à triturer, mâchonner, mordre, tordre. Un mot qu'il faut écrire, gribouiller, comprendre. La mort clandestine, qui n'a pas de raison, pas plus qu'elle n'a de sens. La mort qui surgit avec sa faucille, qui prend sans jamais donner, qui survient comme s'il lui était inutile de s'expliquer. *Aucunes traces de violences sexuelles n'ont pu être constatées.* Le point d'interrogation, encore. Il n'y a pas de preuve, alors il n'y a rien. Il n'y a pas de viol. Il n'y a pas de main posée sur Maëlys. Il n'y a pas de gestes qui salissent et abîment à jamais. Ce que je crois être le mobile n'existe pas. Le corps rendu muet.

Le 25 avril 2017, l'« Autre » s'est planté devant son ordinateur. Son air niais et son regard vide se sont installés sur une chaise de bureau. Il a lancé le navigateur et attendu que la page s'ouvre. Puis il a tapé *décomposition d'un corps humain* – qui fait cela ? – dans la barre de recherche, comme si ce n'était pas grave, comme si ce n'était rien. Comme s'il ne venait pas de tuer et qu'il ne tuerait plus. Comme on recherche une information lors d'un dîner entre amis pour départager le vrai du faux, celle ou celui qui a raison de ceux qui ont tort. Comme si l'« Autre » voulait seulement apprendre.

La mise en bière me revient comme un flash. Les deux hommes arrivent dans la chambre et emportent le cercueil. Le petit cercueil blanc fermé. Le petit cercueil blanc *déjà* fermé. Celui de ma fille, scellé, cadenassé, hermétique. J'entends les mots du procureur : *les restes*. Ils ne me dégoûtent plus. Je ne pleure plus. La Jennifer abattue n'existe plus. Je la regarde mourir, doucement. J'attache mes cheveux, je passe deux doigts boueux sur mon visage pour marquer ma joue gauche de deux traits. Pareil avec la droite. Je suis l'amazone qui se coupe un sein pour mieux bander son arc et tirer sur l'ennemi. Je hurle dans une langue que moi seule connais. Je me prépare à la guerre.

*

La rage est née à la fin du mois de février. Elle a pris l'espace laissé par l'espoir disparu et s'est discrètement installée dans un coin de mon cerveau. Ensuite, patiemment, elle s'est étendue et développée, attendant que je sois lassée de la tristesse et des lamentations pour occuper toute la place.

Si je devais me définir par une émotion, j'exclurais la colère immédiatement. Je suis contrariée, je suis fatiguée ou énervée, alors je pleure. Je ne fais pas partie de ces gens qui ont fait des cris un mode d'expression, ayant plutôt tendance à fuir cette émotion que je perçois comme une violence dont je ne veux en aucun cas être l'incarnation.

C'est dommage, parce que la colère existe pour une raison. Me dire : *C'est inacceptable, tu dois réagir.* Me dire : *Personne n'a le droit de me mentir.* Elle dit : *J'ai besoin de savoir pourquoi ma fille est morte.* Me dire : *C'est injuste.* Me dire : *J'ai besoin de respect.* Les symptômes physiques de la colère sont significatifs : la tension musculaire s'intensifie, les battements du cœur s'accélèrent, le corps se raidit. Tandis que la tristesse avachit, la colère remet droit. Elle donne de la force pour réagir. Parce qu'il vous a traitée comme de la merde, parce qu'il a laissé pourrir votre vie et tout ce que vous aviez construit, parce qu'il a balancé votre fille dans la nature et vous a laissée livide, sans savoir, des mois durant.

La femme prostrée sur un canapé, incapable du moindre geste de tendresse, accroupie, les bras autour de son corps meurtri par la douleur, se rassemble et se redresse doucement. La carapace se durcit. Les muscles se contractent. Elle relève la tête. À nouveau, la voilà debout.

Jusqu'à présent j'avais fait le choix de la douceur et de la bonté. La colère voulait dire devenir l'autre, l'agresseur, celui qui tue, celui qui fait mal. J'ai attendu d'être prête à accepter ma haine. Je l'ai accueillie quand j'ai compris que je n'étais pas l'agresseur, mais le protecteur. Mon émotion est devenue légitime. La colère est née quand j'ai décidé de ne pas être une victime, mais une guerrière, émotion qui sauve. Je n'avais simplement, jusqu'ici, jamais eu besoin de m'en servir.

La colère seule étant pauvre et destructrice, il me fallait la matérialiser, lui donner un cadre et une peau à habiter. C'est fait. Aussi, une nouvelle fois, ai-je rassemblé la presse et ses photographes, la télévision et tout son matériel.

*

Matin de la conférence de presse. Je choisis un tee-shirt sur lequel est imprimée une photo de Maëlys. Plus question de m'habiller en civil : voici mon vêtement de combat, le visage de ma fille en gros plan, regard perçant et sourire aussi discret que malicieux. Son expression dit presque : *Tu ne t'en tireras pas comme ça*. J'adore cette photo. Sous l'image est inscrit : *Justice pour Maëlys*. Un message clair, affiché sur ma poitrine.

Je te hais. Je te hais de toutes mes forces et mes forces renaissent pour pouvoir te haïr davantage. Tu ne sais pas qui tu as devant toi. Tu ne sais plus. La femme-mère, compatissante, de la première conférence de presse, celle qui te priait fébrilement de collaborer avec la justice a disparu. J'ai envie que tu souffres comme tu as fait souffrir ma fille. Il n'y a plus d'espoir pour toi. Je vais me battre pour la justice, même si la justice comme institution est parfois si injuste. Pourquoi as-tu le droit de garder le silence ? Pourquoi en as-tu le droit après avoir fait taire un corps en le laissant disparaître ? La rage me porte et je me demande comment une horreur pareille peut bien exister dans ce monde.

Face aux journalistes, je garde ces mots précieusement en moi. Ils me donnent du courage pour affronter l'unique homme que je maudis et que j'exécrerai toujours. Je ne dis pas ma répulsion à voix haute. Je ne dis pas ma haine. Ce n'est pas ainsi qu'on se bat dans mon monde. Je dis :

— Nous ne t'oublierons jamais, Maëlys.

Comme il ne mérite pas que je m'adresse à lui, je dis :

— Mon poussin, l'amour que nous avons pour toi est éternel et cela, il ne pourra jamais nous l'enlever.

Je viens pour crier ma fidélité maternelle. Je viens avec mon amour et ma sensibilité. J'ajoute :

— Justice te sera rendue.

Cette conférence de presse est une promesse. Voilà comment on se défend chez moi.

Joachim s'est assis à ma droite. Sous une chemise bleu marine qu'il a laissée ouverte, il porte aussi un tee-shirt à l'effigie de Maëlys. Il a choisi une photo récente prise lors de nos vacances à

Barcelos, où on la voit au centre, avec un débardeur blanc à imprimé fleurs et papillons, les cheveux flottant au vent. La photo a dû la surprendre car elle n'a eu le temps ni de sourire franchement ni de faire une grimace comme elle en avait l'habitude. Sous l'image est écrit : *Vérité pour Maëlys.*

Après mon propos liminaire, Joachim remercie les gendarmes et les magistrats. Chacun son rôle.

Fabien Rajon prend ensuite la parole et monte à l'assaut de la défense de Nordahl Lelandais. Tandis que je choisis l'ignorance, un peu de mépris aussi, mon avocat préfère l'affrontement. Il démarre par une critique ouverte.

— C'est avec sidération et inquiétude que mes clients ont entendu la défense prétendre publiquement et devant les médias qu'on ne pouvait distinguer sur cette vidéo la silhouette d'une petite fille, mais celle d'une femme au décolleté profond et carré. Comment la défense, qui avait pourtant accès au dossier, et donc à cette vidéo, a-t-elle pu publiquement affirmer des choses pareilles ? Comment la défense a-t-elle pu insinuer que le véhicule visible sur cette vidéo n'était pas celui de Nordahl Lelandais ? Je pose la question. Comment la défense a-t-elle pu aller jusqu'à affirmer que les enquêteurs s'étaient fourvoyés en négligeant, je la cite, d'autres pistes extrêmement importantes ; en affirmant également que la thèse de l'accusation ne tenait pas, que l'on aurait prétendument construit un dossier autour de la culpabilité de Nordahl Lelandais. C'est ce qui a été dit.

Le ton est sec, l'élocution parfaite. Dans sa voix résonne l'engagement et l'attachement typiques des avocats à leur dossier.

— La défense pouvait-elle jouer cette carte devant les médias comme d'ailleurs devant les juges, alors qu'en parallèle, une seule personne, Nordahl Lelandais, mis en cause par des charges accablantes, pouvait nous dire ce qu'il était advenu de l'enfant? Nous avons perdu six mois. Six mois d'une attente insupportable alors que le dossier démontrait manifestement et finalement dès les premiers jours de l'enquête, l'implication de Nordahl Lelandais dans l'enlèvement de l'enfant Maëlys. Je pose sereinement, calmement, mais solennellement la question des responsabilités, *a minima* morales, à lever dans ce contexte sans équivalent dans notre histoire pénale contemporaine.

Je jette des coups d'œil sur la feuille de maître Rajon. Nous avons préparé cette bataille ensemble.

— S'agissant du dernier interrogatoire du mis en cause en date du 22 février dernier, au cours duquel Nordahl Lelandais a refusé de s'expliquer quant aux circonstances du décès de Maëlys. Après cette très douloureuse journée du 14 février au cours de laquelle, acculé par de nouveaux éléments probants, le mis en cause indiqua le lieu où gisait le corps de l'enfant Maëlys et avança la thèse d'une mort accidentelle, mes clients attendaient enfin des explications spontanées de la part de Nordahl Lelandais quant aux circonstances de la mort. Ces explications viendront-elles un jour? Nous savons que nous devons ces premiers pas importants vers la vérité et la découverte du corps de l'enfant lors de cette journée du 14 février aux enquêteurs et aux magistrats, à eux et à eux seuls. Que l'on ne vienne pas nous dire que le mis en cause œuvre à la manifestation de la vérité. Personne n'est dupe. Nous n'oublions rien de ces six mois de prise d'otage desquels Nordahl Lelandais devra aussi répondre devant la cour d'assises de l'Isère.

Je ne crois pas que j'attendais quelque chose de cette conférence, si ce n'est de clore le temps médiatique ouvert le matin de la disparition de Maëlys.

Le soir, une fois Joachim et moi rentrés à Mignovillard, j'ouvre Facebook. Carole a commenté une publication. Aujourd'hui, nous sommes le 8 mars 2018. La date de la conférence de presse n'a pas été choisie exprès, mais il se trouve que c'est la journée internationale pour les droits des femmes. Mon amie salue la symbolique : *J'ai une pensée particulière pour toi, Jennifer, la femme guerrière que tu es devenue.*

*

Après le 14 février, l'« Autre » continue à se taire. *Mort accidentelle sans circonstances.* Bien qu'auditionné à plusieurs reprises, il ne dit rien.

D'un interrogatoire à l'autre, dont un face à notre avocat, il se répète, se tait ou change de version. Apparaît la thèse de la gifle mortelle par exemple, hypothèse écartée immédiatement par les médecins : on ne tue pas avec une claque, aussi violente soit-elle. Puis, arrive le moment de la reconstitution.

Lundi 24 septembre 2018. Nous nous retrouvons vers vingt-trois heures à la salle des fêtes de Pont-de-Beauvoisin. Sont présents les différents avocats du dossier et au moins deux cents gendarmes pour sécuriser les lieux. Il fait nuit, il fait froid. Sur le parking, Joachim et moi échangeons quelques regards de malaise mais ne nous parlons pas. La situation est très inconfortable. Quand les phares d'une camionnette qui passe le portail apparaissent, nous levons le nez. Un fourgon de la pénitentiaire. Le suspect arrive.

Joachim, d'ordinaire attentif à moi par un regard, un geste de tendresse, a disparu en lui-même. Il n'a jamais croisé l'« Autre ». À aucun moment dans la soirée du mariage, il n'a discuté avec lui. Il ne l'a vu qu'en photo, à la télévision. Il ne connaît donc rien de l'homme au tee-shirt bleu. Il s'en veut. Devant la porte latérale du camion qui coulisse, Joachim est blême.

Fabien Rajon nous a prévenus que le moment serait difficile.

— Vous aurez le droit d'assister à la reconstitution, mais ne pourrez rien dire et, surtout, rien faire. Votre rôle sera entièrement passif, vous comprenez?

Nous voilà de retour sur le lieu même où nous avons perdu notre fille. Le parking où elle a disparu. Face à celui qui a avoué être responsable de sa mort. Nous le voyons sortir lentement du fourgon. À quelques mètres de nous… Parvenez-vous à imaginer?

Debout et immobiles, nous attendons sagement, sans autre droit que celui de garder le silence et de rester tranquilles.

Les juges d'instruction ont décidé de procéder à cette reconstitution pour inciter Lelandais à parler. Il s'agit d'un acte d'enquête lors duquel le suspect doit expliquer le plus précisément possible ce qu'il s'est passé. Si ses propos ne collent pas avec les éléments de preuves déjà récoltés, les magistrats lui font remarquer ces incohérences. Il s'agit donc d'une nuit importante pour la recherche de la vérité. D'une nuit très difficile aussi pour des parents qui découvrent le dernier trajet fait par leur fille et doivent écouter les acteurs du dossier sans broncher.

Pour jouer le rôle de Maëlys, un petit mannequin d'environ un mètre trente a été apporté. Les juges interrogent l'«Autre». *Et là, qu'avez-vous fait? Et à ce moment-ci, que s'est-il passé?* Tout à coup, il revient sur sa version précédente. Finalement, ce n'est pas une gifle qu'il a donnée à la petite la nuit du mariage, mais des coups de poing. Il réfléchit un peu. Oui, c'est bien cela. Quatre ou cinq coups de poing assénés à Maëlys. Il faut le concéder, cela colle tout de même davantage aux résultats – parcellaires – de l'autopsie. Mais peu importe la version : avec lui, elle est à chaque fois boiteuse, tronquée, insuffisante. Joachim non plus n'est pas convaincu. Il ne voit dans ce revirement que de nouveaux mensonges. À ces mots, notre souffrance se renouvelle.

Le suspect est invité à reproduire les gestes qu'il dit avoir eus. Il se met à taper sur le visage du mannequin mais c'est celui de ma fille que je vois. Un coup. Deux coups. Un troisième. Il frappe violemment. Quatre coups. Le mannequin en est abîmé. Mon cœur saigne. Mon mari ne dit rien, serre les dents. Au cinquième coup, je sens que ma colère est en train de devenir un mode de vie. Il va falloir que je m'y habitue car, je le sais, elle ne me quittera jamais plus.

Nous sommes au milieu de la nuit. Je n'ai aucune idée de l'heure qu'il est. Il ne reste plus qu'à se rendre sur les lieux où il a déposé le corps de ma belle petite Maëlys. Un gendarme se poste au bord de la route. Il désigne du doigt un endroit situé en contrebas comme pour dire : *C'est ici qu'on a retrouvé la fillette.*

L'« Autre » apparaît, le mannequin dans les bras. À nouveau, les juges lui demandent de reproduire les mouvements faits le 27 août 2017. Il porte le corps factice jusqu'en bas d'un chemin et le dépose près d'une rivière, loin des regards.

Jusqu'ici, je me suis tue, je me suis empêchée, pendant tant d'heures que j'en ai mal à la gorge, de dire quoi que ce soit, quand, soudain, son regard noir croise le mien. Mon cerveau s'affole. Je perds le contrôle. Je me mets à hurler dans sa direction :

— Tu l'as jetée dans la nature comme un déchet ! T'es un sale monstre et un pédophile !

On me rattrape, on m'empêche d'aller plus loin. Je n'ai rien pu faire, je n'ai pas réussi à me retenir. Face à lui, la mère gorgée de colère a jailli. Lui ne dit rien, garde son calme, est ramené dans la camionnette et repart en prison. La reconstitution est terminée.

*

Au retour, dans la voiture, je ressens une sorte de soulagement. Celui de lui avoir jeté mon mépris et ma rage à la figure, moi qui ne m'en croyais pas capable. Au volant, Joachim est mortifié.

— Pourquoi je n'ai rien dit ? J'aurais dû lui casser la gueule, dit-il avant de se murer dans le silence.

Comme il est tard, comme c'est presque le matin, nous ne sommes pas obligés de parler, après tout.

Au fond de moi, je pense que ce n'est pas la fatigue qui empêche mon compagnon de parler. Depuis longtemps, il n'arrive plus à s'exprimer. Il garde tout pour lui. Certes, il a toujours eu une propension à cacher ses émotions en raison de son éducation, celle de l'homme fort. Savoir garder ce que l'on ressent est une fierté aussi. Mais ce soir, c'est différent. Ce soir, ce silence s'est joué de lui. Il n'en est pas sorti pour défendre sa fille, pense-t-il sans doute. Je crois qu'au fond, il s'est senti humilié devant l'autre homme.

Demain, Joachim ne retournera pas travailler. Ni le jour d'après. Ni le jour qui suit. Tandis que ma colère me remet debout progressivement pour m'aider à réclamer justice pour ma fille, le cœur de Joachim se détruit de n'avoir rien su faire pour elle par le passé. Et nos deux vies s'éloignent.

22

Pourquoi ?

Il paraît que chaque individu a une valeur qui lui tient à cœur. Pour certains, c'est la liberté ; pour d'autres, l'art. Très petite, j'ai développé un sens aigu de la justice. Ou, pour être exacte, j'ai acquis une aversion pour l'injustice.

Tout a commencé avec les animaux. J'ai toujours aimé les chats. Mon premier est arrivé à la maison quand j'avais huit ans. Un chaton noir et blanc baptisé Capucin. Nous vivions avec mes parents aux Abrets, qui est loin d'être une grande ville, mais la maison était située à côté de la route nationale. Alors qu'il atteignait à peine son premier anniversaire, le chat se fit écraser. J'étais folle de tristesse. La faute à pas de chance, comme on dit.

Mes parents consentirent rapidement à m'offrir un deuxième félin : Mickey. Il mourut au même âge et dans les mêmes circonstances. Je perdis aussi Johnny, quelques années plus tard, empoisonné, lui, selon les analyses du vétérinaire. L'enfant en moi ne comprenait pas quelles raisons pouvaient expliquer cette misère et peinait à accepter son sort.

Peu de temps après la mort de Mickey, nous avons trouvé une chatte noire abandonnée. J'insistai auprès de ma mère pour la garder, elle finit par accepter. Très vite, nous nous sommes rendu compte qu'elle portait des petits. Je suppliai maman de ne pas les donner tous – ou pire, les tuer – à leur naissance. Décision fut prise de garder l'adulte et un chaton. Hélas, un jour, Minette se mit à vomir. Encore et encore, sans s'arrêter. La malédiction recommençait-elle ? Sollicité, le vétérinaire expliqua qu'elle venait de perdre ses petits.

À chaque perte jaillissait en moi une source de grande tristesse. Chaque fois, j'étais effondrée et jamais je n'obtenais de réponse valable à mes demandes d'explications. Pourquoi cela tombait-il sur nous ? Pourquoi était-ce toujours mon chat qui mourait ?

En plus de cette injustice animale, une autre m'exaspérait bien davantage. J'étais une enfant timide, renfermée, qui n'osait pas se plaindre et à l'école, les autres élèves en profitaient. Je subissais ce qu'on nommerait aujourd'hui du harcèlement scolaire, phénomène qui ne portait aucun nom à l'époque. Contrairement à Maëlys, je me taisais, je ne disais rien, je n'adoptais aucune autre stratégie que celle de serrer les dents et d'attendre que ça passe. Mes camarades bénéficiaient de mon silence. Ne me confier à personne nourrissait encore davantage ma haine de l'arbitraire.

Maëlys et moi partagions ce désir profond d'égalité et de justice.

L'été précédant ses six ans, nous avions adopté Câline, une chatte que nous avions offerte à Colleen. Blanc et noir, elle était très affectueuse, venait se coller contre nous et ronronnait facilement sous nos caresses.

Après deux semaines, Maëlys s'approcha et, le plus sérieusement du monde, me lança :

— Pourquoi je n'ai pas de chat, moi? C'est injuste.

Un argument difficile à réfuter pour moi qui portais haut, depuis toujours, les valeurs de justice, a fortiori quand cela concernait les animaux. Quelques semaines plus tard, nous partions chercher les magnifiques yeux verts qui illuminent aujourd'hui mon cœur quand je les regarde.

Reekit, version mal prononcée du personnage principal du dessin animé *Rekkit le lapin magique*. En grandissant, le chaton gris et blanc de Maëlys est devenu un symbole de justice. Une valeur que je défendais trop silencieusement auparavant ; une valeur que je partageais avec ma fille. Et probablement le seul chat au monde auquel on a osé donner le nom d'un lapin.

Je raconte cette histoire parce que j'ai mis trop longtemps à prendre conscience qu'il ne fallait pas avoir honte de se dresser contre l'injustice et d'assurer sa propre défense. Parce que personne d'autre ne le fera aussi bien.

Tous ceux qui ont perdu un enfant le savent et le disent : il n'est pas normal, logique de voir son enfant mourir avant soi. On fait des enfants, on les aime, on les protège, on les élève. On tente tant bien que mal de leur transmettre les meilleures armes et les meilleurs conseils pour s'en sortir dans la vie. On leur donne tout ce qu'il nous est possible pour arriver, un jour, à penser que l'on peut partir sans regret, et que notre rôle auprès d'eux est terminé.

Mais voir son enfant partir avant soi ! Quelle profonde injustice. Et le voir partir à cause de la volonté de quelqu'un, quelle terreur, et quelle fureur cela engendre.

Je pense que le mot le plus prononcé par Maëlys dans sa courte vie fut *pourquoi.* Pourquoi tu fais ça ? Pourquoi nous avons choisi telle destination de vacances ? Pourquoi les oiseaux volent ? Pourquoi, toujours pourquoi.

— T'en as pas marre de dire pourquoi ? lui demandais-je parfois en donnant un baiser sur son front.

Mais qu'ils étaient beaux, riches, généreux, curieux, ces pourquoi, lumineux, ouverts sur le monde ! Un pourquoi amusé pouvait mener à un pourquoi d'incompréhension. Plus il y avait de pourquoi, plus de nouveaux pourquoi émergeaient.

Une multitude n'obtenaient pas de réponse immédiate tant ils nécessitaient des recherches. Il y avait donc des pourquoi qui prenaient du temps, et aussi des pourquoi qui faisaient du bien. Pourquoi, c'était son mot et elle en maîtrisait l'art.

Avec Maëlys, nous étions loin, très loin même de mes pourquoi lugubres d'aujourd'hui. Pourquoi elle ? Pourquoi avons-nous dû vivre cette tragédie ? Pourquoi certains s'en prennent-ils aux enfants ? Pourquoi ne l'ai-je pas surveillée davantage ce soir-là ?

Quand l'injustice est trop grande, vous pensez qu'elle n'est pas seulement le fruit d'une malchance. Mes chats se sont fait écraser : quelle mauvaise fortune ! Ma fille est enlevée et tuée : qu'est-ce que j'ai mal fait ? J'aurais dû me rendre compte que quelque chose n'allait pas, plutôt que me réjouir qu'elle joue avec d'autres enfants. Pourquoi n'ai-je pas eu l'intuition immédiate que l'homme au tee-shirt bleu allait la faire souffrir ?

Depuis la disparition, mon esprit oscille sans cesse entre le sentiment d'injustice et la culpabilité. Entre *pourquoi le malheur s'abat-il sur notre famille ?* et *quelle terrible mère je suis !*

À ce sujet, sur les réseaux sociaux, j'en ai vu et lu de toutes les couleurs. Beaucoup pensant faire mieux que nous se sont permis de nous donner des leçons de morale. De nous expliquer la manière de surveiller un enfant. Comme si je n'étais pas assez réaliste pour me le dire tous les soirs ! Comme si je ne me refaisais pas le film en boucle durant mes innombrables nuits d'angoisse !

Car chaque jour, je liste ce que j'aurais dû faire différemment. Chaque jour de chaque semaine et de chaque mois. Jamais mon cerveau ne cesse de se poser ces questions. Des interrogations qui reviennent sans cesse, ne s'arrêtent ni au bout d'un an ni au bout de deux années, jamais. La culpabilité demeure, éternellement. Je dois cohabiter avec. Je cherche continuellement le moment précis où tout a basculé, l'instant auquel je n'ai pas assez prêté attention. Croyez-moi. Je suis mon pire bourreau.

23

Ranger

— Ça y est. J'ai terminé.

La tête dans l'encadrement de la porte, Joachim a l'air sombre. Quelques gouttes de sueur perlent à son front. Aucune joie. Pas de fierté.

— Ah… OK.

J'adopte un ton désinvolte pour feindre l'indifférence. Je mens pour cacher l'angoisse. *Qu'est-ce qu'on va devenir maintenant ?*

— Tu viens voir ? dit-il avec un signe de tête en direction des chambres.

— Oui, bien sûr.

Je réponds comme si c'était évident alors qu'il n'y a rien de facile dans cette demande. Je n'ai aucune envie de découvrir ce qu'il veut me montrer. Je me lève lentement du canapé, retardant le moment fatidique de la constatation. Quand je verrai de mes propres yeux, il faudra assumer. Il faudra avancer.

Je pose mon téléphone sans prendre le temps de le verrouiller. Sur la table basse, le portable affiche un nouveau montage photo de Maëlys. Pas fini. Je devrais réussir à le poster d'ici ce soir.

Joachim ouvre la marche. Monte l'escalier. Je le suis à l'étage. Dans le long couloir, nous avançons l'un derrière l'autre, à pas lents et lourds.

Il pénètre dans la pièce, se retourne vers moi et lève les deux mains comme pour dire : *Et voilà le travail !* Mais rien ne sort de sa bouche. Parce que *et voilà le travail* est une phrase de joie et qu'il n'y a, dans cette chambre d'enfant flambant neuve, qu'amertume.

*

Le petit cube blanc ivoire est placé au creux de la paume de la main. Les petits doigts se referment dessus. Le poing s'agite et se rouvre. Le dé roule sur la table.

— Six !

Fière comme jamais, Maëlys se redresse, saisit son premier cheval bleu et le fait sortir de son écurie imaginaire.

— Tu as réfléchi à la couleur que tu voudrais sur les murs, mon poussin ?

Depuis quelques mois, Joachim a entrepris de refaire l'étage de la maison. Il vient de terminer la chambre de Colleen et s'attaque à celle de la cadette.

— T'as qu'à faire violet à paillettes et argent comme moi ! lance l'aînée en s'emparant du dé.

— Jamais de la vie ! Je suis pas une princesse !

La phrase nous fait rire, son père et moi. Nos deux filles s'adorent mais qu'est-ce qu'elles sont différentes !

— Non, moi je veux du bleu et du blanc ! dit Maëlys avec assurance.

— Papa, c'est à toi ! Tu dois faire six si tu veux sortir un cheval.

Le dé indique trois.

— Raté ! À toi, Maman.

— Et puisqu'il n'y a pas de salle de bains à l'étage, je mettrais bien une douche dans ta chambre, Maëlys ?

— Moi je préfère une baignoire !

— Ah ouais ! J'irai squatter pour me laver, alors !

— Ah ouais ! Je suis trop contente !

Les deux sœurs échangent un clin d'œil. Je regarde Joachim en souriant et nous avons l'une de nos conversations télépathiques si courantes. *Je t'avais dit qu'elles seraient ravies.*

Les travaux avaient commencé au mois d'avril. Tout était à faire. Il fallait isoler la pièce, installer les canalisations pour l'évacuation d'eau, faire les sols et tapisser les murs.

Un jour, je monte à l'étage pour demander quelque chose à Joachim et je trouve Maëlys à quatre pattes, la tête penchée tout près du sol, en train de déposer des petits flocons de ouate de cellulose. Je la regarde avec étonnement.

— C'est Papa. Avec son travail, il n'arrive pas à avancer assez vite dans ma chambre. Je vais l'aider, du coup !

Joachim me sourit. *Qu'est-ce que tu veux, c'est Maëlys ! Elle sait ce qu'elle veut.*

La chambre tout juste refaite de Colleen était grande, au moins vingt-deux mètres carrés. Nous avions installé le lit double qu'elle nous avait demandé et il restait même un peu de place pour un lit simple. Maëlys y dormait en attendant que sa chambre soit prête. Le matin, je les retrouvais parfois toutes les deux dans le grand lit. S'il s'agissait d'une solution provisoire en attendant que l'étage soit fini, tout le monde y trouvait son compte. Joachim et moi avions notre chambre au rez-de-chaussée. Les filles pouvaient discuter, rire ou jouer aux jeux vidéo aisément. Je ne sais même pas dans quelle mesure elles profitaient de notre éloignement géographique pour traîner le soir. Quoi qu'il en soit, j'étais heureuse de les voir s'entendre aussi bien.

*

Les magasins de bricolage ne se privent pas de véhiculer un beau message dans leurs publicités : faire des travaux, c'est faire des projets. À force de sueur et d'efforts, vous obtiendrez la maison de vos rêves. Vous serez fiers de vous. Vous l'aurez faite ensemble. Regardez comme vos enfants s'amusent et comme vous vous êtes rapprochés, vous aussi. Le couple idéal du spot publicitaire.

Avons-nous été influencés par la symbolique des travaux? Je ne sais. Toujours est-il que, quelques mois après la découverte du corps de Maëlys, Joachim a repris son ouvrage. Pour finir cette chambre coûte que coûte. Sans rien dire de particulier, un jour, il est monté à l'étage, a parcouru les cinq mètres du long couloir qui s'étend de l'escalier à la chambre, et a repris ses outils. Il fallait bien commencer quelque part.

Joachim avait fixé des plaques de Placo, posé du lino au sol, tapissé les quatre murs – deux en blanc, deux en bleu selon les indications de notre fille. Bref, il avait avancé. Cette agitation me donnait un sursis supplémentaire au rez-de-chaussée. Tant que la chambre restait inachevée, je n'avais pas à décider dans quelle direction aller. J'aurais pu passer ma vie sur ce canapé à regarder les photos et les vidéos de Maëlys, mère autorisée à n'être qu'une mère subissant un deuil sans fin et un désespoir qui la rendait inerte.

Mais une fois dans cette chambre finie et – disons-le – parfaite, me voilà tétanisée. Joachim me fait signe d'entrer. Je n'arrive pas à savoir s'il est triste d'avoir achevé sa tâche ou soulagé d'être arrivé au bout. Je pose un pied à l'intérieur. La tapisserie en face de la porte est d'un bleu plutôt clair qui tire vers le turquoise. *J'espère que tu aimes,*

Maëlys, tu n'as pas eu le temps de venir la choisir, c'était notre préférée dans le magasin, avec Colleen. Il y a la baignoire d'angle dans un coin. Joachim a monté les meubles. *Un grand lit comme Colleen.* Des étagères pour les jeux de société.

J'ai envie de m'effondrer. De hurler que je ne comprends pas. Pourquoi Maëlys n'est-elle pas là ? Pourquoi cela nous est-il arrivé à nous ? Je veux pleurer dans les bras de Joachim, mais comment faire ? Il a fait le job. Il a terminé la chambre de notre fille. Je sais qu'aller de l'avant est une nécessité. Je n'ai tout simplement pas la moindre idée de la façon de m'y prendre.

*

Depuis un an, Colleen n'a pas dormi dans sa chambre. Chaque soir, elle se couche sur un matelas que ses parents ont installé pour elle dans un coin du salon. Elle s'enroule dans sa couette et se demande comment sa vie a pu en arriver là. Parfois, elle adresse une petite prière à l'univers pour qu'il lui redonne ce qu'il lui a pris. Elle fait le souhait que cette vie s'arrête ici et qu'elle reparte au début.

Pour s'endormir, Colleen compte les personnes chères à son cœur qu'elle a perdues. En premier, il y a sa sœur qu'elle chérissait plus que tout. Elle s'imagine quelle jeune femme aurait été la petite fille qu'elle avait vue grandir. Elle songe à son rôle de grande sœur qui comptait beaucoup pour elle et allait crescendo. D'abord, elle lui a appris à faire du vélo sans les roulettes. Un succès. Ensuite, elle lui a organisé des cours de gym – il lui suffisait de reprendre ce qu'elle apprenait durant ses propres entraînements. La dernière chose qu'elle lui a enseignée était, de loin, la plus importante mais malheureusement son apprentissage n'avait pas été complet. Quand elle avait su que des garçons de l'école embêtaient sa sœur, Colleen avait tout de suite entrepris de lui apprendre à se battre. Dans son lit d'appoint, seule au milieu de la maison, elle se demande si Maëlys a réussi à utiliser quelques trucs face à… vous savez… l'« Autre ».

En deuxième lieu, Colleen craint d'avoir perdu le père tendre et disponible avec qui elle aimait regarder des films et jouer au foot. Un père maintenant silencieux qui n'a plus envie de sortir. Un père qui, pendant des mois, s'était caché dans la chambre de Maëlys. Au point qu'un jour, elle-même avait eu un peu honte d'être jalouse de cette pièce dans laquelle il passait tout son temps.

En troisième position, arrive sa mère. Où est-elle, cette maman vivante, pleine d'énergie, qui l'emmenait faire les magasins et avait toujours une idée d'activité à pratiquer tous les quatre, voire toutes les trois ? Un après-midi, Colleen avait eu envie de faire des crêpes, se souvenant combien Maëlys adorait quand elles se lançaient dans la pâte et, à tour de rôle, faisaient basculer la poêle d'un coup sec et sauter la crêpe en l'air. Mais sa mère sombrait désormais dans le canapé, attendant que la vie revienne d'elle-même. Alors, elle n'avait pas osé suggérer son idée.

En pleine obscurité, coincée dans ses souvenirs, Colleen lutte de toutes ses forces contre les solitudes. Elle les compte aussi.

Il y a le poids d'être le dernier et le seul enfant qu'il reste, celui qu'on aura toujours peur de perdre. Elle se demande si, désormais, il lui faudra exister pour deux.

Il y a aussi la solitude de celle qui continue à exister. Colleen va au collège, elle apprend (même si c'est dur vu les circonstances), aide ses parents à préparer le dîner ou les montages photos qu'on poste sur les réseaux sociaux. Est-ce qu'elle a le droit de poursuivre cette vie alors que papa et maman ont arrêté la leur ? Parfois, la question cogne dans son esprit.

Il y a encore la solitude de l'enfant devenue invisible alors que, justement, elle est là. Un seul être vous manque et tout est dépeuplé ? C'est vrai. Mais moi, je suis ici. J'existe. Je compte. Ne m'oubliez pas.

Il y a la solitude, enfin, de ne pas oser quémander de tendresse ou d'amour à ces parents éplorés parce qu'après tout, elle, au moins, a la chance d'être en vie.

Derrière toutes ces solitudes, existe, enfin, une bien plus grande, insurmontable : celle d'avoir perdu l'être qu'elle préférait sur la planète.

Colleen s'endort blottie dans un abandon dont elle ne se plaindra jamais et dans l'espoir qu'un jour, ses parents iront mieux.

*

Un matin, j'ouvre les yeux et je sais le moment venu.

Le 27 août 2018 est passé. Nous avons organisé une marche blanche pour l'anniversaire de la disparition de notre fille. Au moins quatre cents personnes ont défilé avec nous. Sur la banderole que nous tenions, en tête de cortège, était inscrit : *Pris en otage, vérité pour Maëlys.* Nous avons marché jusqu'à la salle polyvalente où s'était tenu le mariage et lâché des centaines de ballons blancs.

En me réveillant quelques jours plus tard, je me suis dit que j'avais survécu une année sans Maëlys. Je m'en croyais parfaitement incapable.

J'entre dans le salon, une caisse en plastique à la main. Colleen dort. Un à un, fermière après médecin, vache après cheval, je saisis les Playmobil qui continuaient d'attendre leur propriétaire dans un coin.

Le rangement va prendre trois jours. Je tiens à les passer seule. Joachim a eu des mois pour terminer une chambre que Maëlys n'habiterait jamais. J'ai besoin de trois journées pour la mettre en place, installer les objets, aménager l'espace précisément comme Maëlys le souhaitait et comme nous en avions discuté.

Dans le salon, se trouvent des piles de jeux de société que ma fille adorait. Je penche la tête et fais défiler leurs noms. Le traditionnel Uno, jamais déclassé dans son cœur. La bataille navale. Les petits chevaux – elle prend toujours l'équipe des bleus. Le jeu de l'oie.

J'attrape une petite boîte. Je soulève le couvercle en carton sur lequel est écrit : *Réveille pas Papa*. Sur le plateau de jeu, un homme en pyjama rouge est allongé dans un lit à une place. Je passe mon index sur le personnage et le mobilier en relief. J'appuie plusieurs fois sur le réveil. Sous la couverture verte, le dormeur peut se relever à tout moment pour empêcher les joueurs d'aller voler des sucreries dans le frigo. Soudain, le personnage bondit. Je sursaute. Dans ma tête, surgit le rire de Maëlys.

J'empile les jeux le mieux possible et monte l'escalier les bras chargés. Une fois entre les murs bleu et blanc, je dépose délicatement la pile au sol et range chaque boîte dans les nouvelles étagères que Joachim a montées. Le travail commence.

Le premier jour, j'installe aussi son grand coffre à jouets en bois. Je dispose ses outils de création : la pâte à modeler, les feutres, les papiers, ses dessins… J'y place les billes qu'elle adore. Une feuille A4 s'échappe du tas que je suis en train de ranger et vole au bout de la pièce. Je coince le couvercle du coffre et part, à quatre pattes, récupérer le bout de papier.

Après le grand mariage que nous avions prévu avec Joachim, nous devions faire un voyage de noces à quatre dans l'ouest des États-Unis. Mon rêve était d'aller y voir les orques. Maëlys m'en avait donc dessiné une. L'animal en noir et blanc s'étend sur toute la longueur de la page, une nageoire en l'air, et s'apprête à plonger sur la gauche du papier, dans les profondeurs d'un l'océan imaginaire. Dans les coins, sont collées une gommette papillon et une autre en forme de flocon de neige. Entre les deux, est écrit *Maman* en vert et marron. C'est un des tout derniers dessins de Maëlys.

Ranger la chambre de son enfant décédée a une dimension spirituelle. Vous savez qu'elle ne reviendra pas. Vous lui avez dit adieu. Toutefois vous espérez qu'une magie, dont vous n'aviez jamais eu besoin jusque-là, la fera venir de temps en temps. Je ne peux m'empêcher de penser que Maëlys visitera peut-être cette chambre qu'elle a attendue si longtemps. Je me mets à croire, ou du moins à espérer, qu'elle est peut-être dans la pièce. Parfois même, j'en viens presque à la sentir.

Le deuxième matin, je traîne dans le lit. Je garde les yeux fermés un peu plus longtemps. L'énergie me manque. *Allez, Jennifer, courage.* Ranger, une énième séparation d'avec Maëlys. Or, j'en ai marre de ces étapes sans ma fille. Je suis fatiguée. Je veux qu'on me laisse tranquille. L'ampleur de la tâche me semble immense. Mon corps tout entier est ankylosé. Je suis lourde. La vie est pénible.

Si j'arrivais à décoller mes paupières, je verrais face au lit le grand placard sans porte. Avec, à l'intérieur, tous les vêtements de la famille. Voici la solution que nous avions trouvée en attendant que les travaux de l'étage soient achevés et les placards installés dans les chambres des filles. L'image du bazar de tee-shirts, chemisiers, pyjamas, robes, pantalons, pulls, culottes, chaussettes, maillots de football me vient. S'y ajoute au fond une multitude de chaussures en taille trente-quatre. Les vêtements de Maëlys mélangés aux miens, et à ceux de toute la maisonnée. Un fouillis.

Je me lève laborieusement. Faire ça en pyjama. Pas la force d'agir autrement. Je pars vers le garage chercher de grandes housses en plastique, grands sacs d'où l'on peut aspirer l'air pour qu'ils prennent, une fois sous vide, moins d'espace dans les armoires. Étape par la cuisine pour me préparer un café, puis je rapporte le tout dans notre chambre. Joachim étant déjà debout, j'ai la matinée devant moi pour entamer le tri.

Poings sur les hanches, face au placard, je prends une grande inspiration. Encore une épreuve. J'expire et laisse ma main droite vagabonder sur une étagère. Je saisis un premier tee-shirt. Il faut bien commencer. C'est un petit débardeur en coton blanc avec des cœurs imprimés dessus. Je le porte à mon nez et le respire en prenant le plus d'air possible. L'odeur de Maëlys. Je me shoote. Les larmes montent des tripes. Je ferme les yeux pour mieux sentir. L'odeur de son enfant est si rassurante. J'en emplis mon cœur au maximum. Les parfums ont un pouvoir.

En quelques secondes, Maëlys est là. Je suis en train de plier du linge et je l'entends arriver en courant dans le couloir. Elle passe devant la porte à toute vitesse.

— Tu vas où, mon poussin?

Pas de réponse. Elle a déjà atteint l'autre bout de la maison.

— Maëlys? j'interroge, inquiète.

Je l'entends venir dans le sens opposé.

— T'inquiète, mon petit bout de chou!

J'éclate de rire devant l'expression. Tout essoufflée, elle surgit dans l'embrasure de la porte, passe sa main gauche dans ses cheveux pour les remettre en place.

— Je vais à la ferme avec Colleen!

À six cents mètres environ, il y avait une ferme. Les filles étaient régulièrement conviées à participer à la traite des vaches. Maëlys aimait nourrir les veaux au biberon. Pas très loin, une dame élevait aussi des lapins en cage. Colleen et Maëlys prenaient souvent leurs vélos pour aller les observer - avant que les pauvres ne passent à la casserole et ne soient mangés!

Je hume le tee-shirt blanc en fermant les yeux. J'adore ce souvenir. Avant de le ranger, je le garde un peu au fond de moi. Je ferme les yeux et le laisse résonner. *T'inquiète, mon petit bout de chou.*

Ensuite, je plie les vêtements, je range les odeurs. Maëlys avait la sienne, naturelle, et celle de son parfum, artificielle. C'était une eau de Cologne de supermarché que lui avait offerte ma mère. Sur le flacon, un papillon était dessiné à côté du nom, *L'échappée belle.* Comme ses vêtements ont conservé toutes les odeurs de ma fille, j'ai envie de les garder avec moi. Ils me donnent l'impression qu'elle est encore ici.

Tout au fond du placard, mes doigts rencontrent un épais tissu molletonné. Je me hisse sur la pointe des pieds, tends mon corps pour attraper l'étoffe et la sortir. C'est la combinaison de ski rouge de Maëlys ! Elle sent la poussière. Je la secoue un peu. Elle sent l'hiver, le bois du chalet de Métabief dans le Haut-Doubs. Je la respire encore. Elle sent la témérité.

— Maëlys, attention !

Je crie du bas de la piste, même si ça ne sert à rien, parce que je suis une maman. Une maman a toujours peur. *Surtout la maman de l'aventurière Maëlys De Araujo*, me dis-je intérieurement. Lors de ces vacances de Noël de 2016, Maëlys vient de chausser des skis pour la première fois. Ma fille n'a le temps d'entendre aucune instruction. *Devant la pente, tu prends des virages bien larges et tu vas doucement* eût été utile ! Mais non ! Elle, Maëlys, s'élance telle une météorite vermillon et part droit devant elle. La scène dure quelques secondes avant que la fusée ne s'écrase en bas. Je cours à sa rencontre. *On est bons pour les urgences !*

Pas du tout ! Ma fille affiche un sourire immense. Elle relève les grosses lunettes qui lui font des yeux de mouche et pose sur moi un regard brillant.

— C'était trop bien, Maman ! Je recommence direct !

Les jours suivants, j'ai insisté pour qu'elle prenne des cours. À la fin du séjour, elle est revenue toute fière d'avoir en main son certificat de compétence « niveau ourson ».

— Moi aussi, j'ai le niveau ourson, lui avait dit Séverine.

— T'es encore un ourson ? avait lancé Maëlys à sa tante. Si tu es encore un ourson, tu ne sauras jamais skier ! Tu seras et resteras toujours un ourson.

Le troisième jour, je monte les grandes housses pleines de vêtements dans la chambre. C'est la dernière fois que je respire l'odeur de ma petite.

Dans un panier en osier acheté exprès et posé au sol, je mets les peluches, les doudous. Il y a plein de chiens.

Un vêtement n'a pas été rangé dans les sacs vides d'air : le second maillot de Cristiano Ronaldo, le bordeaux à col blanc que nous n'avons pas placé avec elle dans le petit cercueil blanc. Je le punaise au milieu du grand mur.

Avant que je referme la porte, s'écoulent quelques minutes. Je contemple ce que nous avons accompli. Joachim, les gros travaux ; moi, l'aménagement et le rangement. C'est la fin des trois jours. Avant, je ne pensais pas être capable d'un tel sursaut.

Je pensais aussi que ranger les affaires de ma fille revenait à l'oublier.

Pour être tout à fait honnête, j'ai peur de ce qui va arriver désormais. Car ce qui suit le rangement, c'est la vie sans elle. Cet avenir me terrifie.

Soudain, j'entends miauler. Le bruit me ramène à la réalité. Le chat de Maëlys se frotte à ma jambe. Je baisse la tête vers lui. Il lève les yeux en l'air, mais pas vers moi : il fixe un point à l'intérieur de la pièce. Les chats auraient le pouvoir de voir les esprits, dit-on. L'espace de quelques secondes, il se fige, les yeux écarquillés, le museau légèrement relevé, scrutant quelque chose que je ne peux voir. Je souris dans le vide. Il a sûrement beaucoup de chance.

— Allez, viens, Reekit.

24

Ce que la mort signifie

Dans le couloir, les bips des machines résonnent. Je me bouche les oreilles, mes mains sur la tête. Les *bip-bip-bip* insupportables que j'entends encore me défoncent le crâne. La blouse me serre. J'ouvre un bouton. Je vais étouffer à l'intérieur. Les lumières blafardes tapent si fort qu'elles me font presque perdre l'équilibre. J'ai le teint encore plus pâle que d'habitude. *Qu'est-ce que je fous là ?*

— Jennifer, tu es sûre que ça va? Viens, on va prendre un café.

Pendant mon absence, mes collègues ont été super. Comme, au bout d'un an d'arrêt, je risquais de perdre une partie de mon salaire, elles se sont cotisées pour m'offrir des jours de RTT. Si bien que ma paie n'a jamais diminué et que j'ai eu le choix de ma date de retour. Or nous y sommes : octobre 2018.

Je m'attable dans la salle de repos. Ma collègue me tend un mug chaud. Étais-je vraiment prête à reprendre ? À retourner à ma vie normale ? Sans Maëlys, cela n'a rien de normal. L'hôpital, les patients malades, la pression n'ont rien de la vie non plus. Y suis-je retournée trop tôt ?

Les coudes sur la table, la tête entre les mains, je me mets à pleurer doucement. Ma collègue ne sait pas quoi faire. Les personnes qui savent ce qu'il faut dire et comment apaiser une situation sont rares. Elle reste debout et me regarde avec beaucoup de gêne et peut-être un peu de pitié. Je sais qu'elle veut bien faire mais son malaise empire la situation : je n'ai aucune envie d'être là. Mon corps refuse la violence de tels lieux. J'avais oublié. Je travaille là où les gens viennent mourir.

*

Et si je fais une connerie ? Si je me trompe de médicaments ? Pour survivre à cette garde, je me refuse le droit de penser à Maëlys. Il faut que je sois concentrée. N'imaginez pas qu'il s'agisse d'un soulagement. C'est une torture plutôt. D'autant que je travaille dans un service où les malades sont en fin de vie. Où les patients âgés sonnent toute la nuit. Où certains perdent la tête, désorientés et désireux de quitter l'hôpital immédiatement.

— Madame, vous êtes dans votre chambre, vous êtes à l'hôpital. Vous ne pouvez pas partir !

La vieille dame à la peau fripée atteinte de la maladie d'Alzheimer est tombée de son lit. Je veux l'aider à se relever mais elle se débat, déboussolée :

— Laissez-moi partir !

Je dois aller puiser au fond de moi une douceur d'autrefois pour apaiser la patiente et la remettre dans son lit. Je sors de la chambre, prends une profonde inspiration, reste quelques minutes, seule à observer le couloir que je connais par cœur. Il y a les porte-perfusions à roulettes posés sur le carrelage. Un fauteuil roulant qui stationne devant une chambre. Les éclairages jaunâtres et ternes. Autrement dit, un environnement identique à celui d'avant la mort de Maëlys. Or l'infirmière dans sa blouse, elle, n'a plus rien à voir avec ce qu'elle était. Devant une vitre, je croise mon reflet. Je vois un visage chiffonné, sans sourire.

— Putain !

La sonnette retentit. Une énième fois. Ça appelle. Partout. Tout le temps.

— Impossible d'être tranquille cinq minutes.

Je soupire. Mais que veulent-ils ? Se plaindre ! *Oh j'ai mal. Mon oreiller est mal mis. Je veux sortir d'ici. Je n'arrive pas à dormir.* Les patients m'appellent mais, hélas, la patience m'a désertée. D'ordinaire joviale, attentive et indulgente, je n'arrive plus à comprendre ces malheureux malades. Ils sont là. Encore en vie. Qu'ont-ils de plus à demander ?

J'ouvre les portes les unes après les autres. J'écoute les plaintes et réponds aux doléances. Résignée, sans sourire ni zèle. Du mieux que je peux, mais sans avoir grand-chose à donner ce soir.

Puis survient une urgence. Chambre 36. *Merde !* Je reprends le couloir, hors de question de traîner. J'appuie vigoureusement sur la poignée et m'élance à l'intérieur.

— Qu'est-ce qui se passe ?

Une femme d'à peu près mon âge se tient debout, livide, face au lit de son mari. Les yeux figés, elle panique tant qu'elle n'arrive pas à me parler. Elle désigne le lit du doigt.

Quand je suis arrivée à l'hôpital ce soir, mes collègues ont insisté sur le cas de ce patient. L'homme est entré il y a quelques semaines. Le médecin lui a diagnostiqué un cancer des intestins et sûrement prédit de bonnes chances de survie. Du moins, au départ. À trente-sept ans, le corps n'est-il pas censé être solide ? Mais, en très peu de temps, la maladie s'est injustement infiltrée dans tous ses organes. S'il se retrouve ici ce soir, c'est qu'il va mal. Notre service est celui dit des fins de vie. Être ici n'est jamais bon signe.

Je me penche. Le visage du patient a perdu toute couleur. Ses yeux ouverts m'implorent de l'aider. Comme un coup de couteau dans le ventre, le visage de Maëlys surgit. *Respire, Jennifer.* Je lutte pour ne pas faire de comparaison. Cet homme. Ma fille. Rien n'est pareil. *Ah bon ? Au final, la mort n'est-elle pas la même pour tout le monde ?* Je lis sur cette peau inconnue la souffrance qui déforme les traits. Je vois la vie en train de partir. L'alerte ultime. Il faut faire quelque chose. À son bras, je vois le cathéter déplacé. Le cancer est partout et il ne reçoit plus de morphine depuis plusieurs minutes. Voilà pourquoi il se tord de douleur.

D'habitude, je demande à la famille de sortir de la chambre. Cette fois, pas le temps. Je fais un garrot autour du biceps du patient. Il s'agite. Son corps tressaille du mal qui le ronge. Je tiens son bras aussi fermement que possible, mais il se débat. Le pauvre ne supporte même plus d'être touché. Je reste concentrée. Mes gestes sont précis, mon travail méticuleux, comme si je n'avais jamais quitté ces lieux. Il ne faut pas que je loupe la veine. Je retiens ma respiration. C'est bon, j'introduis le nouveau cathéter. Et je fais passer le tube. Aussi vite que possible, je redonne une dose de morphine au jeune patient. Jeune? Jeune comme moi. Nous avons un an d'écart. Trop jeune pour mourir en tout cas. Quel est le bon âge? Y en a-t-il un?

J'attends avec la femme. Une minute. C'est long, soixante secondes à regarder quelqu'un que la douleur bouffe. L'homme continue à se tordre. Ses cellules, invisibles à l'œil nu, se débattent. Son corps se déforme sous nos yeux. Soixante secondes et rien ne change.

— Je ne comprends pas! La morphine ne fait pas effet?

Je vérifie la perfusion. Tout est normal. *Pourquoi ça ne marche pas, bordel?* L'épouse me regarde. Elle pense sans doute à ses enfants, plus jeunes que nos filles, et à ce qu'ils vont devenir sans leur père. Je sens la présence de cette femme et c'est moi que je vois dans la pièce. Femme désemparée qui supplie pour qu'on l'aide. Elle m'observe comme j'ai scruté notre gendarme pendant les recherches. Elle me fixe comme si je pouvais faire quelque chose.

— Allô, docteur ? C'est Jennifer, l'infirmière de garde.

J'explique la situation au médecin. Le nouveau cathéter. Le patient qui remue si fort. Je me remets en question : comme je viens juste de revenir au travail, peut-être ai-je oublié quelque chose ?

— Vous n'avez rien fait de mal, Jennifer. Ce patient est très atteint. Comme il est jeune, son corps lutte de toutes ses forces pour ne pas mourir. Il donne tout ce qui lui reste. C'est pour ça qu'il est ainsi.

Ce que je vois dans ce lit et que je prends pour de la souffrance depuis plusieurs minutes est en fait de l'espoir.

— Qu'est-ce qu'il faut faire ?

— Augmenter la dose de morphine pour le soulager un peu. C'est tout ce qui est possible.

Je fais coulisser la petite molette qui contrôle la posologie. J'augmente un peu la dose, comme indiqué par le médecin. Pourtant, quand le corps du patient se détend, je ne vois pas d'apaisement. Je le vois lâcher prise et j'ai l'impression d'être l'agresseur. Je me répète mentalement que je suis l'infirmière qui l'aide à se calmer, qui lui permet d'avoir moins mal, mais je ne peux pas m'empêcher de me dire que c'est ma faute s'il s'endort. Comme si j'étais celle qui apporte la mort.

— Je suis là toute la nuit, surtout n'hésitez pas à m'appeler avec la sonnette.

La femme me remercie et s'assoit sur le bord du lit, auprès de son époux. La morphine fait effet, cette fois. Les yeux sont mi-clos. Le mal apaisé, il a retrouvé son calme.

En rejoignant la salle de repos, je sais que je ne vais pas tenir longtemps un tel face-à-face quotidien avec le supplice. Je ne veux plus voir de gens qui souffrent.

Une demi-heure plus tard, la femme dans la chambre 36 nous appelle. Son mari est mort.

*

À l'aube, j'ôte ma blouse blanche avec empressement. Je la fourre dans mon casier, remets mon gros pull, saisis mon sac et cours jusqu'à ma voiture sur le parking.

Le temps du trajet, je supporte la souffrance sans rien dire. Vingt-sept kilomètres sans larmes, sans paroles, sans musique. Une fois garée, je me précipite à l'intérieur de la maison, jette mon sac à main à mes pieds et m'effondre sur le canapé.

Le moment que j'ai attendu pendant toute cette garde est arrivé. Je sors mon téléphone et fais défiler avec un soulagement immense les photos de Maëlys. *Tu m'as tellement manqué, ma chérie.*

*

— Alors comme ça, vous voulez partir en maternité, madame Cleyet-Marrel ?

— De Araujo.

— Pardon ?

— Mon nom, c'est De Araujo maintenant.

La directrice générale des soins de l'hôpital me regarde par-dessus ses lunettes d'un air sévère.

— C'est un changement important, vous savez ? En maternité, vous ferez moins d'actes techniques. Pose de holter tensionnel, prélèvements de sang par ponction veineuse ou capillaire ou par cathéter veineux, pose de sondes vésicales et *tutti quanti*, c'est rare en mater' !

Depuis ma reprise, je pleure toutes les nuits dans la salle de repos. Entre deux patients, je passe mes gardes à regretter le temps où je travaillais *avant*. Retourner au même endroit, retrouver les mêmes infirmières, les mêmes casiers, les mêmes tasses posées sur l'égouttoir donne la tentation de croire que tout est revenu à la normale. Or tout est pareil mais tout est différent. Maëlys ne reviendra pas par magie. Chaque soir, l'hôpital me le rappelle.

Puis il y a la mort qui rôde. J'en sens presque la substance et j'en hume l'odeur quand je marche dans les couloirs. Plus les gens décèdent devant moi, plus pousser son dernier soupir prend un air de normalité. Ça rend fou. *On naît, puis on meurt.*

C'est la vie ! Cette phrase, je ne suis pas prête à l'entendre. Refusant que la mort soit un banal événement, je ne veux pas que les disparitions s'accumulent près de moi et deviennent quelque chose d'habituel. Chaque souffrance est immense et a le droit d'exister. Si les gens ont mal autant que j'ai mal d'avoir perdu Maëlys, ils méritent qu'on écoute leur douleur. Qu'il n'y ait plus de trépas ordinaire ! À l'hôpital, on entasse les morts. Ceux du mardi sur ceux du lundi. Par-dessus les cadavres du dimanche. Ces gens ont été des personnes, bon sang ! Réduire leur fin de vie à une vulgaire habitude me révolte. Je veux fermer les yeux sur ces corps qui ont cessé de fonctionner. Comme dans ce service, c'est impossible, j'ai pensé à la maternité. Cet endroit où des bébés naissent, où la vie occupe toutes les chambres. Ce sera mieux.

Comme si elle m'entendait penser, la directrice me met en garde.

— Vous sentez-vous capable de travailler avec des enfants ? Après ce que vous venez de traverser, je suis obligée de vous poser la question. En maternité, il y a aussi les mamans qui font des fausses couches, des mamans qui perdent leur bébé.

Derrière son bureau, la femme me regarde gravement. Elle insiste.

— Parfois, les bébés ne vont pas bien. S'il y a un problème, savoir réagir est essentiel. Il ne faut pas que ça crée un blocage chez vous.

Elle me rappelle que changer de service signifie aussi changer d'équipe, bouleversement important dans une vie professionnelle. J'aime beaucoup mes collègues. Si j'ai besoin d'une renaissance, suis-je prête à tout changer ? Je ne sais plus trop ce que je veux. Je la regarde avec dépit.

— Ce n'est pas à moi de répondre à ces questions, mais à vous, dit-elle. Quelle est la meilleure décision pour vous et de quoi êtes-vous capable ? Je fais confiance à votre jugement, madame De Araujo. Réfléchissez bien.

Quelques mois plus tard, la directrice des soins m'a rappelée. Un mi-temps venait de se libérer en maternité. Si je le voulais toujours, il était pour moi. J'ai décliné la proposition.

*

Heure du décès : 2 h 45. Je remonte la fermeture de la housse blanche. Le visage de l'homme est gris. Il avait soixante-quinze ans. Covid.

Tout le monde est débordé aujourd'hui, comme toutes les nuits de mars 2020. Quand j'entre dans la chambre du patient, il est déjà mort. Au départ, je m'en veux de ne pas avoir été auprès de lui, de ne pas l'avoir accompagné. Puis je me dis : *C'est tout ? C'est juste ça, la vie ?* Un homme qui meurt tout seul. Comme s'il n'avait été personne, comme s'il n'avait compté pour personne, comme s'il n'était rien.

Que dit la mort ? Que la vie est terminée ? Ça ne peut pas être que cela. Si ? Je cherche un sens mais n'en trouve pas.

Je pense à ma fille, morte toute seule aussi.

Dans un an, je quitterai l'hôpital, son rythme de fou et ses patients qui continuent à mourir. Je l'ignore encore mais je deviendrai infirmière libérale. Je n'aurai plus de supérieurs hiérarchiques. Je ne dépendrai plus de quiconque. Je ne compterai que sur moi-même. Les patients seront heureux de m'accueillir. Je serai l'une des rares personnes à leur rendre visite. Je leur prodiguerai des soins et les divertirai de leur ennui et de leur solitude. J'apporterai un peu de joie et je mettrai du positif dans leur vie comme dans la mienne.

En attendant ce jour, je me fais, cette nuit-là, la promesse de partir dès que possible. La vie est trop courte pour s'obliger à affronter la mort chaque jour alors que je n'en ai plus la force depuis longtemps.

*

Quand Félix, notre chat, est mort, Maëlys avait quatre ans. Félix en avait neuf. C'était la première fois qu'elle était confrontée à un décès. J'ai pris ma petite fille dans mes bras. Notre première conversation sur la vie et la mort. J'ai essayé de lui expliquer aussi clairement que possible de quoi il s'agissait. Je ne mens pas à mes enfants. J'ai donc tenté de lui donner toutes les clés pour qu'elle saisisse ce qui était arrivé à Félix et les conséquences que cela aurait sur notre vie.

À la fin de la conversation, ses grands yeux tristes se sont tournés vers moi.

— Mon poussin, tu as compris ?

— Oui, Maman. C'est facile. La mort, c'est quand on se revoit plus jamais.

25

Partir

La manette entre les mains, il est assis sur le canapé face à la télévision. Les pieds posés bien à plat au sol, coudes sur les genoux, visage avancé en direction de l'écran. Joachim joue. Je l'observe sans qu'il me voie. Son visage est concentré. Ses yeux ne clignent presque pas. Je serre fort mon mug de café. Je l'approche de mon visage comme si j'avais besoin de me réchauffer alors que nous sommes en plein mois de juillet. Dans quelques semaines, cela fera deux ans que nous avons perdu Maëlys.

Je lève la tête vers le plafond. Je me demande s'il reste encore un peu de courage dans un recoin de ma vie. Ces deux années ont été tellement douloureuses. Il a fallu continuer. Il a fallu vivre. Soudain, je ne sais plus ce que je m'apprête à lui dire, ni pourquoi je vais le faire. J'ai la tentation de rebrousser chemin. Ne serait-il pas plus simple de continuer à me contenter du sur-place ? *Vraiment, Jennifer ? C'est ce que tu veux ?*

Je m'approche à pas de loup. Pose ma tasse sur la table basse. Je m'assois à sa gauche sur le canapé. Je voudrais être douce. *Oh, je voudrais tellement être douce, Joachim.* Mais mes mots vont être blessants, asséchés, rigides. Je me projette dans l'avenir proche et j'imagine comme tu vas avoir mal. Je sais qu'il est inévitable que tu aies mal, je ne suis pas idiote, mais, prise de naïveté, j'essaye quand même. Je tente la délicatesse par des gestes maladroits, velléités d'amour de dernière minute. Mais nos peaux ne se parlent plus très bien. Nos corps sont devenus des carcasses sans chair qui ne se touchent plus qu'os contre os désormais. Les os n'ont pas de tendresse.

Je ne suis qu'à quelques centimètres de toi. Je prends encore une seconde pour fermer les yeux. Je me retrouve dans un jardin vingt-deux ans plus tôt.

Soirée barbecue chez ma sœur. J'ai dix-sept ans, la vie devant moi. Le mari de Séverine a invité l'un de ses collègues. Je le remarque dès son arrivée : il est beau. Je bois du vin et je ris pour rien. Je me sens jeune. Je me sens libre comme l'air. Libre de sortir avec ce bel homme bronzé de neuf ans mon aîné. Libre, même s'il me répète qu'il est trop vieux pour moi, de lui dire : *Tu me plais.* Mi-femme, mi-enfant. Malicieuse. Séductrice. Libre de vouloir l'aimer. J'ai envie de l'embrasser. Un jeu s'installe entre nous. Libre de le désirer. Je le lui dis par mon regard. Mes yeux dévorent ses yeux bruns. Il a de si longs cils. C'est peut-être lui, le père de mes enfants. Autour de la table, il n'y a plus que cet homme à l'air solide et doux. Puissant et câlin. L'homme oxymore. J'ai dix-sept ans. Je ne fais pas de concessions. Je veux tout. Je le veux, lui. Il n'y a que lui. Il n'y aura plus que lui. Je me sens libre de ne pas savoir l'avenir.

J'imagine ce que je veux. Je veux des enfants ! Je veux des jolies petites filles à la peau bronzée et aux cils longs comme l'amour. Je tombe amoureuse, alors la vie me paraît infinie et trop courte à la fois. Je veux faire flamber mes sentiments pour lui, les user jusqu'à la corde tellement je l'aurais aimé, flammes intérieures qui me semblent sans fin.

Autour du salon de jardin, les invités s'amusent et s'enivrent doucement. Les braises réchauffent les dos. Ma chaleur vient de l'intérieur. Il me dit, en riant, que, de toute façon, comme il est plus petit que moi, notre couple ne marchera jamais ! Je le regarde avec des yeux de biche et toute la malice du monde. Je lui fais alors une promesse pour la vie : *Dans ce cas, je ne mettrai jamais de talons.*

La magie se dissipe aussitôt. Mes yeux sont ouverts. Les tiens me fixent. Tu sais peut-être ce qui va se passer, mais tu me regardes tout de même avec surprise. Un point d'interrogation dans les pupilles. Parce qu'il est plus facile de ne pas savoir. Quand on sait, il n'existe plus de porte de sortie. Pendant les quelques secondes où je ne dis rien, l'ignorance t'aide à garder un espoir, aussi irraisonné soit-il.

Nous n'avons pas eu besoin de beaucoup nous parler pour nous plaire et nous attirer. Nous n'avons pas eu besoin de beaucoup de mots pour nous comprendre et nous aimer. Il n'y a presque aucune parole nécessaire pour nous quitter.

Ce n'est pas l'amour qui s'en va. C'est l'environnement qui est différent. Je pourrais t'aimer dans un autre univers, dans un autre espace-temps. Car je t'aime dans l'absolu d'un amour qui ne s'effacera jamais. Je ne peux simplement plus t'aimer ici, maintenant. Je ne peux plus t'aimer parce que te voir me rappelle tout mon amour perdu pour notre Maëlys. Le manque me déchire chaque fois que je vois ta peau, tes cils, tes mains qui me caressent. Je te regarde et Maëlys continue à disparaître, encore et encore. Ce n'est pas ta faute et tu payes les pots cassés. C'est injuste, je le sais bien.

Puisqu'il faut bien dire quelque chose pour concrétiser la rupture, je lance quelques propos qui n'ont ni queue ni tête. J'utilise une phrase toute faite, une phrase toute bête. Des mots tellement prononcés dans l'histoire qu'ils n'ont plus de sens pour personne. C'est plus simple et ça ne compte pas. Peu importent les termes, je vais briser ton cœur.

— Joachim, je... Je n'ai plus les mêmes sentiments.

Un mouvement de recul. Tes pupilles se dilatent un peu. Tu retires ta main de mon genou avec un peu d'agressivité. Ton regard me fusille. Oui, je suis en train de te trahir, Joachim. Je ravage la promesse faite il y a un an quand nous nous sommes mariés malgré les circonstances. La déception que ton regard me renvoie me brûle. Tu ne comprends pas, je le vois. Comment oser t'abandonner maintenant ? Je déserte une terre cramée où plus rien ne pousse, un terrain saccagé qui aurait besoin de toutes nos énergies pour revivre. Hélas, je n'ai plus rien à donner à ce néant.

Infidèle à notre amour, je me choisis par-dessus tout pour ne pas disparaître.

*

Après avoir perdu notre fille, Joachim et moi avions entrepris de faire un bébé. Je suis tombée enceinte à deux reprises. Chaque fois, l'enfant était prévu pour novembre. Comme Maëlys. Mais nos deux tentatives ont échoué. Au bout de deux mois et demi environ, je faisais une fausse couche. La première fois, j'ai même dû aller à l'hôpital car le fœtus était bien accroché.

Faire un bébé est une célébration de la vie et un désir de transmission. Je ne sais pas si mon corps était capable d'une telle manifestation de joie sans Maëlys auprès de moi.

Quelle qu'en soit la raison, ces échecs successifs ont renforcé ma tristesse et ma solitude.

Pour Joachim et moi, il n'y avait qu'un passé; je ne voyais plus devant. Nous passions nos journées chacun sur notre canapé. Lui jouait aux jeux vidéo; moi je regardais sans m'arrêter les photos de ma fille et du bonheur perdu.

Peu à peu, la maison est devenue de plus en plus petite. Le village se rétrécissait lui aussi. Comme le nombre de nos sujets de conversation. Comme les perspectives d'avenir. Un couple ne peut pas exister en restant seulement dans le passé, le futur lui est nécessaire. Mais nous n'avions plus de projets. Maëlys était partout et surtout nulle part. Chaque parcelle de notre domicile recelait un souvenir. Dans la cuisine, je ne voyais qu'elle. Dans la salle à manger, elle dessinait. Dans le salon, elle dansait. Dans le jardin, elle sautait sur le trampoline. Le passé, en continu. Dans cette maison, ne subsistaient plus que la perte et le manque.

L'idée avait germé en avril. Depuis trop longtemps, je vivais dans une époque fanée, sur du papier jauni. J'étouffais. Il me fallait exister ailleurs. J'avais changé, je le sentais. Je devais accepter d'être une nouvelle moi. Donc changer d'environnement. Plus le temps passait, plus j'avais l'impression de trahir Joachim en ne lui disant rien. Intérieurement, je me jugeais. *Regarde-toi, pleine de mensonges, tu n'es pas mieux que tous les autres.*

En mai 2019, mon mari avait été convoqué au siège de son entreprise. Depuis 2012, il raccordait la fibre optique dans les immeubles et les maisons en Suisse. Cela faisait un peu moins d'un an qu'il avait repris, mais, malgré les demandes réitérées de ses supérieurs, il n'arrivait pas à assurer un temps plein. Les regards de pitié de ses collègues l'atteignaient. Il se sentait jugé par d'autres, qui lui donnaient l'impression de ne pas avoir été un bon père, de ne pas avoir assez surveillé sa fille – ce qui était évidemment faux. Des regards muets bien sûr. On ne peut reprocher aux gens ce qu'ils pensent mais l'on peut le ressentir au fond de soi. Joachim avait du mal à le supporter.

Son patron l'avait donc fait venir. Il était très content de son travail et ce rendez-vous n'avait bien entendu rien à voir avec sa situation personnelle. Il compatissait, perdre un enfant, c'était sans doute très dur, bien sûr. Mais, vous comprenez, il avait besoin de quelqu'un de disponible et d'impliqué dans la mission que s'était fixée l'entreprise : celle de donner au maximum de personnes la chance d'avoir un Internet rapide et fiable. Un mi-temps ne convenait pas pour une telle tâche, *vous le comprenez, monsieur De Araujo ?* Et puisqu'il avait besoin de se reposer encore, c'était peut-être mieux pour lui de ne plus travailler du tout. Papiers de licenciement posés sur le bureau. Vous signez là. Merci. Au revoir.

Après, Joachim s'était davantage renfermé. Comme je n'étais pas mieux, nous ne parlions que de ce travail et de son ressentiment, ou de Maëlys et de cette vie impossible sans elle. Nous n'invitions plus personne. La dernière fois que nous avions organisé un dîner avec nos amis Olivier et

Sandrine, c'était pour le nouvel an 2017. Événement que je ressassais. Maëlys, chapeau pointu sur la tête, qui lançait des cotillons partout dans la maison. Les adultes qui se souhaitaient « Bonne année ! » sans savoir que ce serait la pire de toutes.

Je n'avais plus envie d'être dans cet état d'apathie. Les souvenirs continuaient de hanter la maison. Les flash-back prenaient plus de place que la vie réelle. Il fallait que je fasse quelque chose. Pour moi. Que je me retrouve. Pour ça, il me fallait partir.

*

Quand vous prenez une décision difficile mais salutaire pour vous, les gens vous regardent comme si vous étiez une enfant, une gamine qui fait un caprice ou n'a plus le contrôle de sa vie. Quelle arrogance ! Au contraire, je n'avais jamais ressenti autant de maîtrise. Jamais je n'avais autant su prendre soin de moi que ce jour-là.

Il est difficile de se faire passer avant les autres quand on ne l'a jamais fait de sa vie. Pour la première fois, j'avais une idée précise de ce que je voulais pour moi. Je savais que ça en dérangerait quelques-uns, en blesserait beaucoup, mais j'avais traversé le pire. Je m'étais vu imposer l'attente, l'angoisse, la perte de ma fille, j'avais cru mourir de tristesse, j'avais connu la colère, la vraie, celle qui détruit et qui emporte tout : n'avais-je pas le droit de choisir la suite ? Les gens l'ignorent et tant mieux pour eux : l'enfer transforme un être à jamais.

Quand j'ai annoncé que j'avais quitté Joachim, les réactions étaient souvent du type :

— Tu fais ça maintenant mais tu vas le regretter, Jennifer.

Ou :

— Il faut que tu penses à Colleen !

Autant de remarques prononcées avec la condescendance de ceux qui savent mieux et le regard de pitié qui dit : *Ma pauvre petite, tu ne sais même plus comment gérer ta vie.*

En vérité, Colleen était bien la seule personne dont je craignais la réaction. Consciente que ma tristesse m'avait fait mettre de côté ma fille aînée, que quitter son père était une décision égoïste mais constructive, à la fois pour elle et moi, je n'en menais pourtant pas large lorsque je lui ai annoncé ce choix.

— Qu'est-ce qu'elle va penser de toi, Maëlys, hein ?

Ma fille me foudroie.

— Elle va être tellement en colère contre toi, Maman ! ajoute-t-elle. Comment tu peux nous faire ça ?

Sur le moment, je suis incapable de lui expliquer que, depuis le 27 août 2017, j'ai perdu toutes mes identités. Je ne suis plus une jeune femme libre de dix-sept ans. Je ne suis plus une joueuse de bowling du dimanche. Une propriétaire de chiens qui les balade chaque soir. Une cinéphile. Une infirmière. Je ne suis plus une épouse. Je ne suis plus vraiment la maman de Colleen. Je ne suis assurément plus une femme. Je reste, exclusivement, *la maman de Maëlys.* Comme si Jennifer n'avait jamais existé.

Certes, je suis la maman de Maëlys et le serai toujours. Jusqu'au bout, je serai fière d'avoir cette place. Jusqu'au bout, les médias continueront à m'appeler ainsi, les gens dans la rue le penseront en silence et les patients me demanderont longtemps : *C'est vous, la maman de Maëlys?* Mais ça ne peut être mon unique place. Si je ne suis que ça, si je ne peux me définir que par cette étiquette, jamais je ne survivrai !

Devant la fureur de ma fille, je tais ces réflexions. Si Jennifer n'existe pas, comment continuer à l'élever, à la faire grandir, à l'aimer, elle, Colleen? Et puis, Maëlys ne m'en voudrait pas. Au contraire ! Elle aurait détesté nous voir. Je l'entends d'ici. *Maman, faut pas rester comme ça sur le canapé ! Viens, on va faire un jeu de l'oie ! T'es toute pâle, mon petit bout de chou, il faut sortir ! Tu veux pas me prendre en photo avec Laska ? Je vais lui mettre un chapeau, ça va être drôle ! Mamaaaaaan, pourquoi tu bouges plus ? Si tu restes sur ce canapé, tu vas t'empâter ! Regarde dehors, il y a trop de choses à vivre. Moi je ne peux plus rien faire… Toi t'as de la chance ! Tu peux sortir, rire, sauter. Tu peux chanter et danser avec Colleen. Si j'étais là, c'est ce que je ferais ! S'il te plaît, Maman, il faut pas pleurer. Il faut vivre. Fais-le pour moi.*

*

Manteau sur le dos, sac à main à l'épaule, je saisis mes clés. Je crois que j'ai tout.

— Colleen, j'y vais ! lui lancé-je depuis l'escalier. J'en profite pour te prendre rendez-vous, OK ? C'est laquelle déjà, ta coiffeuse ?

— Tu sais, celle avec une frange.

Je fais mentalement le tour du salon.

— Je crois que je vois, oui… Une femme d'à peu près mon âge ?

— Ah non pas du tout, c'est une jeune !

Colleen apparaît dans mon champ de vision. Regard coquin. Elle éclate de rire.

— Ça va, je rigole ! Mais en même temps, c'est vrai : elle est beaucoup plus jeune que toi !

Je descends l'escalier pour récupérer la voiture dans la cour. Les montagnes se dressent toujours au loin. Je ne suis plus à Mignovillard. J'ai choisi une ville plus grande, toujours dans le Jura. Sur le pare-brise arrière, est collée l'affiche « Justice pour Maëlys » avec la photo de celle-ci – le même regard déterminé que sur le tee-shirt de la seconde conférence de presse. Je me mets au volant.

— Oh j'ai oublié de parler de *Dragons* dans le livre ! Il faut que je le rajoute, non ? Le dragon Croquemou, c'était un peu ton chéri.

Certains aiment conduire et fumer, d'autres chantent à tue-tête et tant pis si ça sonne faux ! Moi, en voiture, je parle à Maëlys. C'est mon moment avec elle.

Après la séparation, Colleen a vécu quelques mois avec son père. Très en colère, elle refusait de me voir. J'avais été une mère indigne et une briseuse de famille. Une émotion que je comprends. Même si, pendant quelque temps, j'ai eu l'impression d'avoir perdu mes deux filles, il m'a fallu assumer mes choix et être patiente. En attendant, tout était à reconstruire.

J'ai cherché, trouvé puis acheté une maison, seule. J'y ai mis des photos de Maëlys partout. J'en ai également accroché de Colleen, bien sûr. J'ai recommencé à inviter des collègues à dîner. Très prudemment, j'ai repris contact avec la vraie vie. Un pas après l'autre, comme on va se baigner dans la mer. D'abord les pieds, puis les chevilles. *Elle est froide, non ?* On se mouille la nuque pour ne pas risquer le choc de température. Les fesses, toujours difficiles à passer. Puis on plonge, la tête sous l'eau. Petits pas par petits pas, j'ai recommencé à aller au cinéma, au bowling, au restaurant.

Puis, un jour, Colleen est revenue.

Elle avait l'air d'avoir grandi d'un coup. C'était le cas. Elle avait acquis une force et une maturité visibles, évidentes. Elle s'était mise à fumer aussi. Je l'ai prise dans mes bras et notre vie à deux a débuté. Il a fallu apprendre à se connaître. Elle avait évolué ; j'avais beaucoup changé. Nous avons pris l'habitude de déjeuner ensemble tous les midis. Elle me raconte ses histoires de garçons. Moi, les miennes.

Maëlys ne disparaît jamais. Nous l'emmenons dans toutes nos aventures. Fin 2019, nous sommes allées au parc Astérix.

— Tu te souviens quand Maëlys avait dit qu'on était des trouillardes dans les manèges ? m'a dit Colleen en riant, elle et moi harnachées dans le Goudurix, le grand huit du parc.

Je lève les yeux au ciel avant de répondre.

— Hé, t'as vu ce qu'on est devenues, mon poussin !

Plus d'un an après la séparation, Colleen m'a dit un jour que j'avais bien fait de quitter Joachim. Sans ça, elle n'aurait sûrement jamais retrouvé sa mère.

Épilogue

Ce que le combat m'a appris

Il y a des jours dans une vie qui, en apparence, ne comptent pas. Les journées de lessive, par exemple, les week-ends où on ne fait rien de particulier aussi. Des moments qui semblent insignifiants parce qu'on les vit machinalement, sans plus s'en rendre compte : dire bonjour à la personne qui partage votre lit, prendre une douche, préparer à manger, embrasser ses enfants. Bien sûr, il serait intenable de chercher à mettre une intensité élevée dans chacun de ces instants, mais je crois que nous ne devons pas perdre de vue que ces gestes a priori sans importance, agglutinés les uns aux autres, disent ce que l'on est et, à la fin, ce que l'on a fait de sa vie.

Cela ne signifie pas qu'il ne faut pas avoir confiance ou qu'il faut vivre en imaginant toujours que le pire peut arriver; je vous invite seulement à prendre conscience de la chance que vous avez d'être en vie et bien entourés. La prochaine fois que vous voyez quelqu'un qui compte à vos yeux, je vous en prie, rappelez-vous le bonheur d'être avec cette personne. Embrassez-la de toutes vos forces.

Quand on fait un enfant, on croit – naïvement – qu'on aura l'immensité avec lui jusqu'à notre propre mort. Moi, j'ai eu neuf ans avec Maëlys. J'ai fait, avec ma fille, toutes les activités possibles et imaginables. J'ai donné le plus possible à mes enfants, quitte à m'épuiser dans un travail de nuit. J'ai bien fait car, ainsi, je n'ai aucun regret. Ne perdez pas de temps à vous plaindre. Si vous n'êtes pas heureux où vous êtes, si vous n'êtes pas à votre place, partez.

Je n'aime pas trop l'expression « faire son deuil ». Pour moi, cela signifie accepter ce qui s'est passé et finir par y penser de moins en moins. Je ne suis en rien dans cette optique et consciente que jamais je ne ferai le deuil de Maëlys. Elle me manque tous les jours, autant que le jour de sa disparition. On s'habitue à vivre avec le poids de la tristesse et de la culpabilité sur les épaules, mais il ne s'allège jamais. Encore aujourd'hui, je me demande pourquoi ça nous est arrivé à nous et ce que j'ai fait pour mériter ça.

Le seul deuil que j'ai fait est celui du bonheur dans sa globalité, cet état de paix et de satisfaction intérieure. Les moments de joie reviennent, et heureusement ! – mais ils sont et seront toujours assombris. C'est ainsi.

J'aimerais tellement savoir quelle femme ma fille serait devenue. Parce qu'à neuf ans, Maëlys était déjà quelqu'un : une petite fille profondément optimiste, déterminée, qui respectait les autres et ne s'embarrassait jamais de ceux qui ne méritaient pas son attention. Elle aurait été une grande dame, j'en suis sûre. J'espère qu'il y a un paradis après et, qu'un jour, je la retrouverai.

Même après notre divorce, Joachim m'a laissée garder son nom. Je m'appelle Jennifer De Araujo. Comme Colleen De Araujo. Comme Maëlys De Araujo. J'en suis très fière. Après mes filles, c'est le plus beau cadeau qu'il m'ait fait. Je le remercie pour ça. Le clan à quatre existera toujours quelque part, car personne n'est assez fort pour briser ce lien.

Je vais souvent me recueillir auprès de ma fille. Je m'assois sur la pierre et je lui parle. Je raconte ce que devient ma vie. Je lui dis que j'ai peur pour Colleen. Je lui dis qu'elle me manque. Je continue régulièrement à lui demander pardon.

Annexes

Lettres à notre fille

Maëlys,

Chaque jour qui passe est très dur à vivre. Ça fait maintenant plus de quatre ans que tu n'es plus parmi nous. Souvent, dans ma tête une image de toi revient, ma petite fille chérie, celle de toi, dans ta robe blanche. Tu n'as que huit ans, tu ne pèses que vingt-sept kilos, à côté de ce monstre qui est énorme, plus de quatre-vingts kilos. Il te fait souffrir. Tu n'avais aucune chance à côté de lui… ce monstre…

Quand l'image me revient, j'essaye de penser à autre chose. La vie est injuste. Mon cœur saigne encore. Ne plus pouvoir te serrer dans mes bras, te dire à quel point tu me manques… Tout me manque : tes fous rires, tes blagues… Il est très dur de se dire que je ne pourrai plus vivre ces moments avec toi.

Encore aujourd'hui, je me dis que tout cela n'est pas possible. Que je vis un rêve, ou plutôt un cauchemar.

J'aurais aimé te dire, Maëlys, que je vais bien. Mais ce serait te mentir. Un papa doit rester fort quoi qu'il arrive. Mais j'ai tout perdu, ma petite fille.

La séparation avec ta maman, ta sœur Colleen qui est beaucoup moins présente aussi, plus de boulot, plus de lien social, avec ce Covid-19…

Notre famille a perdu à jamais toutes ces années. Comme envolées.

Ce nouveau monde me fait peur. Les mensonges deviennent une nouvelle règle de vie. Tout comme ce monstre qui t'a ôté la vie et qui ne fait que mentir.

J'ai la chance de voir ta sœur grandir, de la voir de plus en plus belle chaque jour qui passe et devenir une femme. Toi aussi, ma petite chérie, j'aurais aimé te voir grandir et être fier de toi comme de ta sœur, j'en suis sûr. Tu étais une belle enfant pleine de vie.

Si tu nous vois de là-haut, mets un peu d'ordre dans ce monde qui ne tourne plus très bien.

TON PAPA QUI T'AIME

Maëlys,

Tu étais mon rayon de soleil et cette nuit d'août 2017, ma vie a changé…

Mon poussin, tu allais avoir bientôt neuf ans. Tu avais toute la vie devant toi et, à une fête de mariage, tout a basculé. Tout est devenu sombre. Je t'ai cherchée partout et, rien, tu as disparu…

Comment faire pour vivre sans toi, Maëlys? Si j'avais su que c'était la dernière fois que je te serrais dans mes bras au moment du dessert, je ne t'aurais jamais lâchée pour te laisser partir t'amuser…

J'aurais tellement voulu que ce soit moi à ta place.

Toi, une jeune fille innocente, souriante, tellement gentille et serviable, qui avait plein de choses à accomplir. Je ne connaîtrai jamais ton premier amoureux, ni le métier que tu aurais fait : agricultrice, pompier ou gendarme… Je ne saurai jamais.

Ta rentrée scolaire en CM1, tu t'en souviens? Tout était prêt. Tu étais contente de changer d'école. Mais rien de tout cela ne s'est passé. La vie est tellement injuste.

Maëlys

Tu étais une très belle fille, même si tu en doutais. Je suis fière de t'avoir mise au monde, Maëlys, d'avoir partagé neuf ans de ta vie bien trop courte.

Mon cœur de maman saigne de ton absence, de ta joie de vivre, de ton humour, de tes câlins, de ton regard posé sur moi.

Tu me manques terriblement, je ne t'oublierai jamais.

Ta sœur Colleen m'aide à surmonter ce chagrin. Heureusement qu'elle est encore là. J'ai peur pour elle, peur de la perdre, peur de mal faire les choses.

Je n'ai pas su te protéger des méchants. Je n'ai pas tenu la promesse que je t'avais faite. Cette culpabilité sera ancrée en moi jusqu'à la fin de mes jours.

J'ai écrit ce livre pour te faire exister à travers le temps ; pour que personne ne t'oublie ; pour que les gens connaissent la magnifique jeune fille que tu étais et le vide que tu laisses en nous.

Maëlys, tu avais des rêves à réaliser plein la tête et un grand cœur, c'est pour cela qu'une partie de mes droits d'auteur seront reversés à l'association Petits Princes. Afin que de nombreux enfants puissent réaliser leurs rêves.

Je t'aime de tout mon cœur, Maëlys. Tu manqueras éternellement à ma vie. J'espère que nous nous retrouverons, mon poussin. Dans un monde meilleur.

MAMAN

L'éditeur remercie vivement les auteurs des textes des chansons dont quelques lignes ont été reproduites dans ce livre.

Table

II
Mourir

III
Exister, encore

Ce livre existe grâce au travail de toute une équipe.

Communication : Caroline Babulle, Sandrine Perrier-Replein, Typhaine Maison, Adélaïde Yvert.

Coordination éditoriale et administrative : Céline Poiteaux, Martine Rivierre.

Studio : Pascaline Bressan, Barbara Cassouto-Lhenry, Joël Renaudat.

Fabrication : Muriel Le Ménez, Céline Ducournau, Bernadette Cristini, Sophia Paroussoglou, Phousa Chantharath, Isabelle Goulhot, Émilie Lapan (Canada).

Correction : Emmanuelle Coppeaux, Valérie Gautheron.

Commercial, relation libraires et marketing : Laetitia Beauvillain, Alexandra Profizi, Élise Iwasinta, Morgane Rissel, Aurélie Scart, Clément Vekeman.

Cessions de droits : Isabelle Votier, Benita Edzard, Lucile Besse, Sonia Guerreiro.

Gestion : Sophie Veisseyre, Chloé Hocquet, Isabelle Déxès, Camille Douin.

Service auteurs : Viviane Ouadenni, Jean-François Rechtman, Catherine Reimbold.

Ressources humaines : Mylène Bourreau.

Juridique : Laëtitia Doré, Anaïs Rebouh, Valérie Robe, Jean-Benoît Vassogne, Julia Crosnier.

Diffusion : Aurélia Spalacci (directrice des ventes), Nadine Eugénie, Céline Pitt, Arnaud Weill, Hervé Adamczyk, Annie Bourgade, Éric Charpentier, Gilles Couillard, Sandrine Ducrocq, Élisabeth Ehlinger, Guillaume Loras, Jean-Philippe Pilloux, Philippe Maulnier, Gilles Torché, Élisabeth Gastaldo, Jean-Pierre Stephany (Belgique), Olivier Béguin (Suisse), Jean Bouchard et Marie-Ève Provost (Canada), Emmanuelle Cadot, Virginie Godet et Caroline Pan.

Avec le soutien des équipes d'Interforum et d'Editis qui participent à la création, la diffusion et la distribution de ce livre.

Canoros Vehit Canentes

La photocomposition de cet ouvrage
a été réalisée par
GRAPHIC HAINAUT
30, rue Pierre Mathieu
59410 Anzin

MIXTE
Papier
FSC FSC® C003309

L'éditeur de cet ouvrage s'engage dans une démarche de certification FSC® qui contribue à la préservation des forêts pour les générations futures.

Pour en savoir plus :
www.editis.com/engagement-rse/

Imprimé en France par CPI
en février 2022

Dépôt légal : janvier 2022
N° d'édition : 63919/03 – N° d'impression : 3047584